O ESPÍRITO DA FLORESTA

BRUCE ALBERT E DAVI KOPENAWA

O espírito da floresta

Tradução
Rosa Freire d'Aguiar

Copyright © 2022 by Actes Sud/ Fondation Cartier pour l'art contemporain

Grafia atualizada segundo o Acordo Ortográfico da Língua Portuguesa de 1990, que entrou em vigor no Brasil em 2009.

Título original
Yanomami, l'esprit de la forêt

Capa
Alceu Chiesorin Nunes

Foto de capa
Yanomami (da série: *A floresta*), de Claudia Andujar, 1974.
Cortesia Galeria Vermelho.

Preparação
Márcia Copola

Revisão
Carmen T. S. Costa
Angela das Neves

Dados Internacionais de Catalogação na Publicação (CIP)
(Câmara Brasileira do Livro, SP, Brasil)

Albert, Bruce
    O espírito da floresta : A luta pelo nosso futuro / Bruce Albert, Davi Kopenawa ; tradução Rosa Freire d'Aguiar. — 1ª ed. — São Paulo : Companhia das Letras, 2023.

    Título original : Yanomami, l'esprit de la forêt.
    ISBN 978-65-5921-498-3

    1. Índios – América do Sul – Brasil 2. Índios Yanomami – Brasil 3. Índios Yanomami – Cultura 4. Índios Yanomami – Usos e costumes I. Kopenawa, Davi. II. Título.

22-138412   CDD-980.41

Índice para catálogo sistemático:
1. Brasil : Povos indígenas : História 980.41

Inajara Pires de Souza – Bibliotecária – CRB PR-001652/O

Todos os direitos desta edição reservados à
EDITORA SCHWARCZ S.A.
Rua Bandeira Paulista, 702, cj. 32
04532-002 — São Paulo — SP
Telefone: (11) 3707-3500
www.companhiadasletras.com.br
www.blogdacompanhia.com.br
facebook.com/companhiadasletras
instagram.com/companhiadasletras
twitter.com/cialetras

Para Gabriela, Sophie e Nicolas

Começou-se por cortar o homem da natureza e constituí-lo como um reino supremo. Supunha-se apagar desse modo seu caráter mais irrecusável, qual seja, ele é primeiro um ser vivo. E permanecendo cegos a essa propriedade comum, deixou-se o campo livre para todos os abusos.

Claude Lévi-Strauss*

---

* Claude Lévi-Strauss, "Jean-Jacques Rousseau, fundador das ciências do homem", em *Antropologia estrutural dois*, p. 60.

Sumário

Prefácio — Emanuele Coccia 11
Prólogo — Bruce Albert 23

1. *Urihi a* 29
2. Um mundo cujo nome é floresta 33
3. Gente de perto, gente de longe 54
4. Quadros de uma exposição 63
5. Nossas imagens 81
6. Taniki, xamã desenhista 83
7. Joseca, artista yanomami 92
8. Sonhar longe 101
9. Além dos olhos 105
10. A voz dos espíritos 116
11. A floresta poliglota 119
12. Os pés do Sol 137
13. A árvore da chuva 142
14. De uma epidemia a outra 157
15. Somos todos "índios" 165
16. O rastro dos brancos 169

ANEXOS

1. Os Yanomami no Brasil 177
2. A casa coletiva de *Watoriki* 183
3. Os psicotrópicos yanomami 189

Hutukara 193
Agradecimentos 195
Notas 197
Fontes 217
Referências bibliográficas 223
Créditos das fotografias 229

Prefácio

Emanuele Coccia

> *Depois de os relatos da ecologia terem surgido nas cidades, nossas palavras sobre a floresta puderam ser ouvidas pela primeira vez.*
>
> Davi Kopenawa[1]

Por um estranho paradoxo, é na pesquisa e na literatura antropológica que o pensamento ecológico parece ter se encarnado de modo mais radical e inovador nos últimos quarenta anos. Assim, as referências mais clássicas, como Aldo Leopold, Eugene Odum, Arne Naess, Starhawk ou Val Plumwood, foram progressivamente completadas ou substituídas por argumentos, visões, ideias de Donna Haraway, Vinciane Despret, Eduardo Viveiros de Castro, Anna L. Tsing, Eduardo Kohn, Philippe Descola ou Bruno Latour. Seria ingênuo pensar que se trata de um fenômeno ligado a uma escola, a uma tradição disciplinar ou a um contexto geográfico específicos: ele ocorreu quase simultaneamente dos Estados Unidos à França e do Brasil à Grã-Bretanha, e envolveu nomes muito distantes e não necessariamente compatíveis da pesquisa antropológica.

No entanto, seria difícil imaginar uma transformação mais surpreendente. A ecologia nasceu como o saber em torno das comunidades produzidas por formas de vida que nada têm em comum além de uma ausência de vida espiritual e intelectual: ela contempla a maneira como uma diferença extrema de natureza e a ausência de cultura podem produzir vastas populações equilibradas e em constante harmonia segundo leis que ela se esforça em ligar à ideia de equilíbrio termodinâmico. A antropologia é a ciência que estuda as diferenças de cultura e as formas de articulação da vida social e simbólica dos vivos que compartilham uma só e mesma natureza mas que não param de se diferenciar no modo de expressar e de interpretar essa natureza. Graças à ecologia, estamos acostumados a imaginar fora das cidades um equilíbrio milagroso que permite a anatomias e fisiologias incompatíveis se associarem sem que ninguém tenha de escolher solução alternativa, portanto sem nenhuma necessidade de simbolizar essa mesma comunidade. A antropologia, ao contrário, jamais deixou de sublinhar que, quando indivíduos se associam ou coabitam, nunca é por causa de mecanismos espontâneos associados à vida física ou química da matéria, mas graças a uma série de atos simbólicos constantemente expostos ao arbítrio e à mudança.

Essa substituição esconde, portanto, uma dupla transformação. Para poder integrar a tradição antropológica, a ecologia deve deixar de se conceber como um ramo das ciências naturais, ainda que herética e dissemelhante, e se transformar numa fenomenologia do espírito mais além do humano: deve supor, conquanto implicitamente, que a vida pensa e fala em todo lugar, e que o que nos parecera uma diversidade de natureza não era mais que uma pluralidade das manifestações culturais de uma só e mesma natureza. Os cães e os gatos, os carvalhos e os pinheiros, as plantas e os animais são opostos da mesma maneira que as culturas yanomami e ruma podem sê-lo. De certo modo, se trataria de fazer da ecologia uma espécie de inversão e de superação do totemismo. Este colocava, segundo Lévi-Strauss, "uma equivalência lógica entre uma sociedade de espécies naturais e um universo de grupos sociais",[2] uma "homologia não entre grupos sociais e espécies naturais mas entre as diferenças que se manifestam, de um lado, no nível dos grupos, de outro, no nível das espécies", e até mesmo "uma homologia entre dois sistemas de diferenças situados um na natureza e outro na cultura".[3] Mas sempre se tratava de pensar a cultura (humana) a partir da natureza (não humana). A ecologia pode se tornar etnografia unicamente afirmando o fim da divisão entre natureza e cultura e transformando a natureza num sistema de diferenças culturais.

A antropologia, ou melhor, a etnografia pode, em contrapartida, transformar-se em ecologia somente quando deixa de pressupor uma sinonímia exclusiva entre cultura e vida humana: o estudo da capacidade da vida simbólica em produzir sociedades diversas não pode se limitar a uma só espécie, a nossa, mas deve se tornar o filtro através do qual se estuda a multiplicidade das formas (espécies) que a vida na Terra produziu.

Os autores dos ensaios reunidos neste volume tiveram um papel considerável nessa lenta e imperceptível metamorfose que está transformando a ecologia numa nova etnografia pós-antropológica que não distingue e já não consegue distinguir os povos humanos e as populações não humanas. Em 2010, publicaram juntos na França, na prestigiosa coleção Terre Humaine, *La Chute du ciel: Paroles d'un chaman yanomami*.[4] Assim que lançado, o livro foi saudado como um *opus magnum* destinado a entrar "no panteão dos grandes textos da antropologia"[5] e capaz de brilhar "com uma intensidade talvez só comparável à do segundo volume da coleção, *Tristes trópicos*".[6]

O livro representava, de fato, uma verdadeira revolução da prática etnográfica tradicional. Era a primeira vez que um antropólogo tentava levar em conta no próprio ato de tomada de palavra, e também na forma dessa palavra, o desejo de fazer falar na primeira pessoa a cultura estudada.[7] Bruce Albert inventa um novo "pacto etnográfico fundador" que transpõe a "cena política para a da escrita etnográfica" e produz uma "reversão da relação hierárquica inerente à situação etnográfica" na "textualidade monográfica que dela decorreu".[8] Não se tratava simplesmente de uma mudança da gramática do discurso. Encontrar uma pessoa em carne e osso ali onde estávamos acostumados a imaginar uma "cultura" abstrata e não encarnada na pessoa que fala significava transformar radicalmente a própria ideia de cultura. Assim, em vez de pensar que a geografia cultural do planeta se assemelharia, fora do Ocidente, a uma tectônica de placas que opõe continentes dogmáticos a que populações inteiras adeririam como por mágica, podemos imaginar indivíduos específicos que concebam o mundo para transformá-lo segundo sua imagem e semelhança. A cultura deixa de ser crença para tornar-se ato reflexivo de um sujeito que está falando diante de nós. Numa série de artigos publicados nos anos 1990, Bruce Albert já tinha, aliás, criticado "as ilusões epistemológicas em que repousa a antropologia clássica" e sua "visão das identidades culturais como mônadas teológicas", "fetichizadas à guisa de sistemas de crenças para os quais o devir só pode ser degenerativo". As culturas, escrevia ele, são, antes, "processos de autoprodução simbólica complexos, atravessados pela invenção generalizada das tradições e pela interdependência global dos discursos". Nesse contexto, o abandono da postura etnográfica tradicional, tal como foi canonizada por Malinowski no prefácio de *Argonautas do Pacífico Ocidental*, não depende, portanto, da modernização e do desaparecimento dos "povos indígenas", mas do fato de que eles "se tornam cada vez mais sujeitos da própria história e leitores dos próprios etnógrafos".[9] De certa maneira, esses povos estão hoje em posição de produzir seus próprios etnógrafos e constituir suas "culturas" como etnografias reflexivas graças ao encontro da cultura deles com a nossa. Por outro lado, se essa "cultura" dos outros é sempre uma política em atos, a atividade do antropólogo torna-se parte ativa desse processo de autodeterminação política: "a emergência dos povos autóctones como sujeitos políticos" obriga assim os antropólogos a "assumirem a responsabilidade de seu saber diante das lutas pela sobrevivência, pela dignidade social e pela autodeterminação em que esses povos estão empenhados".[10] Mas não se trata simplesmente de reconhecer o valor político do trabalho do antropólogo ou seu empenho no diálogo com o outro. O fato é que não há política fora da etnografia: se a cultura se encarna no discurso na primeira pessoa, encontrar o outro e com ele entrar em acordo é sempre um ato etnográfico. Além disso, é a própria cultura que, longe de ser uma realidade transparente que se dá a conhecer a seus atores e aos antropólogos como um sistema de crença, é em si mesma uma etnografia interétnica, em que nunca se sabe "quantos intermediários e quantos tradutores estão implicados nessa construção do sentido".[11]

É por isso que a etnografia torna-se lugar e experiência de um duplo desenraizamento, em que cada uma das duas pessoas vira antropóloga da outra. Se, como teorizou, entre outros, Roy Wagner, o "mito é uma 'outra cultura', mesmo para as pessoas da cultura de que ele emana",[12] a antropologia deve transformar qualquer sujeito em etnógrafo da própria cultura.

O encontro etnográfico já não responde a uma necessidade de exotismo e de vaga curiosidade pelo outro: já não poderá se resumir, "como o desejaria um certo anacronismo positivista, a uma 'coleta de materiais' (de 'fatos sociais') independente do contexto histórico e político em cujo seio a sociedade observada está em confronto com a do observador".[13] Ele se torna uma alquimia entre duas culturas que muda simultaneamente a natureza de uma e outra e define o modelo de qualquer forma de encontro e de associação. Se a cultura é apenas a reflexividade dos indivíduos, a antropologia torna-se a forma privilegiada da política: ela é a um só tempo o encontro de diferentes saberes e o saber do encontro.

Mais que a encenação da tomada de palavra de um que reduz o outro a um estereótipo mudo, o livro antropológico passa a ser um concerto em que duas vozes tentam encontrar o uníssono, um minueto de dois corpos que ritmam juntos sua concordância. É o que ocorre neste livro prodigioso, em que a etnografia se torna sinônimo de cultura, e em que a cultura se torna o gesto que permite a qualquer vida encontrar outra e com ela coabitar. É como se o xamanismo deixasse de ser uma prática cultural específica de uma cultura para ser a forma transcendental de qualquer ato simbólico. Como escreveu Roy Wagner, se "faz necessariamente parte da vocação do xamã emoldurar uma imagem de si mesmo na qualidade de moldureiro das imagens dos outros [...], coloca-se então a questão de saber quem ou o que é o verdadeiro xamã, o mediador universal das vozes": "trata-se do surpreendente e engenhoso antropólogo Bruce Albert no caso de Davi Kopenawa? Neste caso, é claro, Albert é o xamã do xamã, mas você e eu, leitores deste livro, o somos também".[14]

Portanto, não é um acaso se *A queda do céu* foi saudado como "bíblia xamânica", "cavalo de Troia conceitual, por assim dizer, na forma de um texto escrito — eloquente, verdadeiro, poético, eficaz, capaz de emocionar o coração e transformar a alma dos leitores, capaz de convencê-los, ou melhor, de convertê-los".[15] Mas esse livro foi importante também por outra razão: logo se transformou na nova bíblia dos movimentos ecológicos emergentes no mundo inteiro. Em suas páginas, de fato, a possibilidade de fazer da etnografia uma forma alternativa e melhorada de ecologia deixava de ser simples sugestão ou tarefa a cumprir num futuro muito distante, para se tornar a reivindicação explícita de uma doutrina completa. É nesse livro, e ainda mais no presente *opus*, que o encontro etnográfico se amplia automaticamente para uma etnografia universal do que é vivo.

É verdade que já Claude Lévi-Strauss fizera do mistério ecológico por excelência o da identidade entre o humano e o não humano, o núcleo do objeto de toda pesquisa antropológica. Num famoso trecho das conversas com Didier Éribon, Lévi-Strauss afirmara que, caso se interrogasse um indígena sobre a definição de mito, "seriam muitas as chances de que a resposta fosse: uma história do tempo em que os homens e os animais ainda não eram diferentes". "Essa definição", acrescentara,

> me parece muito profunda. Porque, apesar das nuvens de tinta projetadas pela tradição judaico-cristã para mascará-la, nenhuma situação parece mais trágica, mais ofensiva ao coração e ao espírito do que a situação de uma humanidade que coexiste com outras espécies vivas sobre uma terra cuja posse partilham.[16]

O mito, isto é, a forma de expressão a um só tempo mais original e mais universal da vida cultural humana, é apenas uma maneira de pensar a não distinção entre as formas que a vida articulou. Nesse trecho denso que esconde sua radicalidade na velocidade de uma nota estenografada, Lévi-Strauss não se limitava a fazer da antropologia a ciência que tenta compreender como e de que formas o saber em torno de nossa identidade com os outros animais se construiu e se difundiu de modos diferentes daquele da biologia ocidental. Com um gesto que quase passou despercebido, ele desmascarou de maneira indireta o complexo mitológico judaico-cristão como uma espécie de tentativa de recalcar ilusoriamente essa intimidade, mas ao mesmo tempo sugerindo suas razões: se as religiões adotadas pelo Ocidente preferiram concentrar-se na história de uma divisão nítida e absoluta com o mundo animal, se fizeram do humano uma espécie superior diante de todas as outras, foi para atenuar a tragédia da incomunicabilidade entre elas. Mas de certo modo também se tratava de um uso consolador e no fundo muito romântico dessa intuição. Por um lado, tal identidade era vista como afastada no tempo: a ciência antropológica não pode senão se contentar com uma posição marginal diante da afirmação da biologia contemporânea pós-darwiniana de uma *identidade ontológica* e não histórica entre o humano e o animal. Por outro lado, a comunicação entre as duas classes de seres — e portanto das esferas de natureza e cultura que se fundem em sua distinção e sua oposição — permanecia (e parecia ter de permanecer para sempre) impossível. O trabalho de Bruce Albert e Davi Kopenawa representa uma dupla inversão exatamente neste ponto: é a partir da comunicação presente, contemporânea, real entre humanos e não humanos (ou melhor, de seu encontro etnográfico), que se pode, ao contrário, aprender sua identidade. Aliás, é por nos comunicarmos com os não humanos, e por essa comunicação parecer se fazer conforme os modos da comunicação interétnica, que a ciência da identidade entre o humano e os outros modos de vida não é e não pode ser a ecologia, mas deve assumir a forma de uma etnografia ampliada. Os autores de *A queda do céu* foram bastante claros nesse ponto. "As palavras da ecologia", afirmava Davi Kopenawa,

> são nossas antigas palavras, as que *Omama a* deu a nossos ancestrais. Os *xapiri pë* defendem a floresta desde que ela existe. Sempre estiveram do lado de nossos antepassados, que por isso nunca a devastaram. Ela continua bem viva, não é? Os brancos, que antigamente ignoravam essas coisas, estão agora começando a entender. É por isso que alguns deles inventaram novas palavras

para proteger a floresta. Agora dizem que são a gente da ecologia porque estão preocupados, porque sua terra está ficando cada vez mais quente.[17]

Não se trata simplesmente de opor a uma ecologia europeia um saber local amazônico sobre o cuidado com a natureza. Também não se trata (ou não simplesmente) de reivindicar a anterioridade histórica da cultura yanomami sobre a ocidental. O que se esboça nessas linhas é mais a ideia de que os verdadeiros sábios são menos os Yanomami do que os espíritos da floresta, os *xapiri pë*. "Os *xapiri pë* já possuíam a ecologia quando os brancos ainda não falavam nisso",[18] "os espíritos conheciam a ecologia antes de os brancos lhe darem esse nome".[19] Aliás, é só porque esse saber não pertence simples e exclusivamente ao povo e à cultura yanomami mas a outro "povo", composto por "outras" realidades, que Kopenawa poderá dizer que "nascemos no centro da ecologia e nela crescemos". A percepção da identidade com os animais só pode ser etnográfica, pois é o resultado de uma comunicação com outro povo que, na realidade, não é humano nem animal. A identidade entre todas as formas de vida não é uma evidência física ou biológica: é uma evidência cultural, pois a identidade humana e a animal também não são uma realidade física mas um fato cultural e histórico, que só pode ser compreendido por meio de uma pesquisa etnográfica. Com efeito, segundo os "relatos do primeiro tempo" (*hapao tëhëmë thëã*) dos Yanomami, "os primeiros antepassados míticos foram humanos com nomes de animais, os *yarori pë*". O atual aspecto deles é uma consequência do fato de terem produzido "todo tipo de desregramento": se perderam "sua forma (mas não sua subjetividade) humana (*xi wãrii*)" e se viram "um após outro agarrados por um devir animal irrepressível (*yaroprai*)",[20] transformados em caça, foi por causa de um acontecimento histórico e não de uma qualquer "lei da natureza". O conjunto dos animais é, portanto, uma cultura decadente: uma população que não conseguiu preservar a própria forma por causa da própria incapacidade de garantir uma ordem moral. É como se todas as formas de vida biológica tivessem sofrido a metamorfose que Circe impôs aos companheiros de Ulisses.

Os elementos perturbadores desse quadro epistemológico são vários. Contrariamente à tendência da biologia e da ecologia contemporâneas a isolar a vida não humana numa espécie de impecabilidade que deixa os animais e as plantas privados de toda liberdade, aqui os seres não humanos podem evoluir sem ter de obedecer a um tipo de estranha teleologia que promete e realiza para cada espécie o que é o melhor para ela: é justamente por isso, no entanto, que a vida não humana está aberta às decadências, às tragédias, à vulnerabilidade e à ambiguidade que são intrinsecamente ligadas à liberdade. É justamente essa liberdade moral inata em cada ser vivo que faz da natureza uma história e das espécies verdadeiras culturas a que só se pode ter acesso pela pesquisa etnográfica. De fato, a memória desse "pecado original" que não comporta a saída do paraíso terrestre mas a mudança do corpo, não pode ser encontrada nos vestígios da matéria: ela deve ser pesquisada numa população terceira, em outra cultura que preservou a lembrança desses acontecimentos distantes. Só por meio do contato e da comunicação com os "espíritos" xamânicos (*xapiri pë*), entidades que têm a forma de "imagens humanoides, miniaturas de adornos brilhantes e coloridos" e que são "na realidade os 'seres-imagens' dos antepassados primordiais antes de sua transformação animal",[21] é que se torna possível uma relação justa e equânime com os animais. Ao contrário do que as religiões espalhadas no Ocidente nos acostumaram a imaginar, aqui o mundo dos espíritos não é povoado por um deus pai, por famílias divinas ou seres ciumentos que não param de se amar e de se trair, mas por um panteão infinito de divindades menores, que se assemelham aos anjos da guarda de cada uma das espécies vivas, antes que perdessem sua aparência humana.

É esse o ponto mais importante. A ecologia contemporânea está se sufocando pelo excesso de romantismo. Depois de séculos de destruição odiosa, as comunidades não humanas são feitas reféns pelos mesmos ecologistas que pretendem torná-las modelos de santidade moral chamados a resolver os problemas de uma forma histórica e geograficamente limitada da cultura da espécie humana. Esperamos dos pangolins, das faias, dos vírus, das bactérias, dos morcegos e dos arqueus que eles nos mostrem o caminho da perfeição moral. Esperamos ver neles uma forma original, perfeita, pré-lapsária de nossa existência. Davi Kopenawa e Bruce Albert nos libertam duplamente dessa forma de nova colonização de outras espécies. Primeiramente, os animais não têm nenhuma superioridade moral sobre nós: a vida em todas as suas formas é ambígua e continuará a ser. Por isso é necessário conhecer o mundo, interrogar as outras espécies, buscar a melhor aliança com elas. Em contrapartida, referir-se aos animais e às plantas nunca significa referir-se a uma ausência de história, a um mundo sem cultura nem tecnologia. Trata-se de entrar em relação com uma infinidade de mediações, como é o caso toda vez que entramos em relação com outro ser humano. Ao contrário do que temos acreditado, o problema não é a ausência de consciência ou de palavra das outras espécies, mas nossa incapacidade de percebê-las. Todos os animais e todos os seres vivos falam, mas ainda não encontramos a Pedra de Roseta que traduza a linguagem deles para a nossa. É por isso que, à tese da incomunicabilidade entre humanos e não humanos, este livro opõe a de um "poliglotismo 'humanimal'".[22]

A introdução desse dilaceramento moral na história de cada espécie, a ideia de que cada identidade é o resultado de uma tragédia ambígua, não se resume apenas a libertar a vida não humana da pretensão de convertê-la no teatro de um novo catecismo. Toda espécie viva não só se torna multiespécies (ela é ao mesmo tempo humana e animal), como constitui em si mesma uma espécie de etnografia em ação: toda identidade de espécie é resultado de uma relação etnográfica entre a espécie transformada em caça, seu *xapiri a* e o xamã que evoca este último. Devido a tal mobilidade interna a cada espécie viva, não há consciência de si que não seja xamânica: é preciso repensar o espírito original para compreender o que é a identidade "biológica". Se toda vida produz cultura, jamais haverá imediatismo ou originalidade na relação que podemos estabelecer com as outras formas de vida. A ecologia não deve tentar aguçar as sensibilidades nem se livrar da cultura. Ela deve se tornar a plataforma em que cada espécie confessa ser o fruto de um pacto etnográfico que precisa, a todo instante, ser renovado.

Outubro de 2021

Prólogo

Bruce Albert

A presente coletânea é o produto de um ciclo de aventuras intelectuais e estéticas cruzadas, concebidas e vividas sob a égide da Fundação Cartier para a Arte Contemporânea entre, de um lado, um grupo de xamãs e artistas do povo yanomami e, de outro, um conjunto de artistas e cientistas não indígenas de diversos países.[1]

Esse "Ciclo yanomami" teve sua origem em conversas mantidas na casa coletiva yanomami de *Watoriki* em dezembro de 2000, entre Hervé Chandès, diretor-geral da Fundação Cartier, e os autores deste livro: Bruce Albert, antropólogo, e o xamã Davi Kopenawa, cercado pelos seus e por todo um areópago de líderes de comunidades aliadas.

Desdobrou-se então, entre *Watoriki* e a Fundação Cartier em Paris, de uma exposição a outra, um arquipélago de sonhos e meditações sobre a floresta, desde Yanomami. L'Esprit de la Forêt (2003) até Les Vivants (2022), passando por Terre Natale. Ailleurs Commence Ici (2008), Mathématiques, un Dépaysement Soudain e Histoires de Voir (2012), Mémoires Vives (2014), Le Grand

Vista aérea da região de Watoriki (Demini). Fotografia de Valdir Cruz, 1995.

Orchestre des Animaux (2016), Nous les Arbres (2019) e Claudia Andujar. La Lutte Yanomami (2020).

Assim, no correr dos anos, teceu-se uma vasta trama de reflexões, diálogos e obras que, a partir do saber xamânico dos habitantes de *Watoriki*, evoca, sob diversas perspectivas, as imagens e os sons da floresta, a complexidade de sua biodiversidade e as implicações trágicas de sua destruição. Os textos que se seguem pretendem apenas restituir uma versão da memória, da sensibilidade e da intensidade dessas trocas sobre o "espírito da floresta".

Os Yanomami, um dos povos indígenas mais emblemáticos da região amazônica, somam aproximadamente 54 mil pessoas que ocupam um território de cerca de 220 mil quilômetros quadrados de floresta tropical, situado de um lado e do outro da fronteira do Brasil com a Venezuela.

Os 29 mil Yanomami que vivem no extremo norte da Amazônia brasileira formam, por sua vez, um conjunto de 366 grupos locais disseminados pelos afluentes dos principais tributários da margem direita do rio Branco, no oeste do estado de Roraima, e da margem esquerda do rio Negro, no norte do Amazonas.[2] Seu território de 96 650 quilômetros quadrados, um pouco mais vasto que Portugal, foi homologado por um decreto presidencial em 25 de maio de 1992 — há trinta anos. Abrigando uma grande diversidade de meios naturais, entre zonas de floresta tropical densa de terras baixas, regiões de floresta tropical de montanha e savanas de altitude, ele é considerado pela comunidade científica uma região prioritária em matéria de proteção da biodiversidade na Amazônia brasileira.

Esse território está, hoje, devastado por uma invasão maciça de garimpeiros ilegais que não para de intensificar-se, submetendo mais da metade da população yanomami a graves problemas de saúde, violência e exploração sexual, insegurança alimentar e degradação social. Em outubro de 2018, 1236 hectares de floresta já tinham sido destruídos pelas atividades de garimpo. Em setembro de 2022, esse número quase quadruplicou, chegando a mais de 4500 hectares.[3]

1. *Urihi a*

Davi Kopenawa

Temos palavras para contar como *Omama a* criou nossa terra-floresta. Quando ele chegou à existência, desejou que ela aparecesse junto com ele. Primeiro, a desenhou com a tintura vermelha do urucum dos espíritos *xapiri pë*, como os desenhos de palavras de vocês numa pele de papel. Ele fez o mesmo com o sol. Mas primeiro teve de apagá-lo e refazê-lo, pois estava escaldante. O que ele criou depois é muito menos quente.

Omama a também desenhou a imagem da lua. Mais tarde, fez brotarem os rios transpassando a terra de sua roça com uma vara de metal. Quis assim matar a sede de seu filho que não parava de chorar. As águas surgiram abruptamente e depois se dividiram por todas as partes para formar igarapés, rios e lagos. No primeiro tempo, só havia água no mundo embaixo da terra. *Omama a* também criou as árvores e todos os seus frutos. As montanhas, foi outra coisa. Ele as formou bem mais tarde, em sua fuga, jogando atrás de si folhas de palmeira para encobrir seu caminho.

Os brancos pensam que a floresta está colocada sem razão sobre o chão, como morta. Não é verdade. Ela só parece silenciosa porque os *xapiri pë* mantêm afastados os seres maléficos e seguram a raiva do espírito da tempestade que derruba suas árvores. A floresta não está morta, do contrário as árvores não teriam folhas. E tampouco se veria água ali. As árvores da floresta são belas porque estão vivas. Só morrem quando são derrubadas e quando ressecam. Elas têm uma só vida. É assim. Nossa floresta está viva e, se os brancos nos fizerem desaparecer e a desmatarem inteiramente, eles ficarão pobres e acabarão por sofrer fome e sede.

O que vocês chamam "natureza" na nossa língua é *urihi a*, a terra-floresta e também sua imagem vista pelos xamãs, *Urihinari a*. É porque essa imagem existe que as árvores estão vivas. O que chamamos *Urihinari a* é o espírito da floresta: os espíritos das árvores *huutihiri pë*, das folhas *yaahanari pë* e dos cipós *thoothoxiri pë*. Esses espíritos são muito numerosos e brincam no chão da floresta. Nós os chamamos *urihi a*, "natureza", assim como os espíritos animais *yarori pë* e até os das abelhas, das tartarugas ou dos caracóis. O "valor de fertilidade" da floresta, que chamamos *në rope a*, é também para nós a "natureza": ele foi criado com a floresta, é sua "riqueza".

A terra da floresta possui um sopro vital, *wixia*, que é muito longo. O dos seres humanos é curto: vivemos e morremos depressa. Se não a desmatamos, a floresta não morre. Ela não se decompõe. É graças a seu sopro úmido que as plantas crescem. Quando estamos muito doentes, em estado de fantasma, esse sopro também nos ajuda a nos curarmos. Então, o tomamos emprestado e ficamos bem. Você não vê o sopro dela, mas a floresta respira. Ela não está morta. Olhe para ela, suas árvores estão bem vivas, com folhas brilhantes. Se não tivesse sopro de vida, elas estariam secas. Esse sopro vem do fundo do chão da floresta, dali onde mora seu frescor. Ele também vive em suas águas.

Não, a floresta não está morta, como pensam os brancos. Mas, se a destruírem, aí, sim, ela vai morrer. Seu sopro vital vai

Urihi a, *a terra-floresta*. Desenho de Davi Kopenawa, 1993.

fugir para longe. A terra vai ficar seca e quebradiça. As águas vão desaparecer. As árvores vão ressecar. As pedras das montanhas vão esquentar e rachar. Ao contrário, quando o sopro vital do espírito da floresta continua presente, ela continua bonita, a chuva cai e o vento sopra. Esse espírito vive com os *xapiri pë*. Foram criados juntos. É assim. A floresta não é bela sem motivo. É, porém, o que os brancos parecem pensar. Eles se enganam.

Os *xapiri pë* são donos da "natureza", do vento e da chuva. Quando os filhos e as sobrinhas dos espíritos do vento brincam na floresta, a brisa circula e tem frescor. Quando os espíritos da chuva descem nas colinas e nas montanhas da floresta, a chuva cai. A terra refresca e a fumaça das epidemias vai embora. É assim. Se os *xapiri pë* estão longe no céu, sem ser chamados pelos xamãs, a floresta fica quente. As epidemias e os espíritos maléficos se aproximam. Os humanos, então, não param de adoecer.

Os espíritos se deslocam sem parar na floresta. Ela é deles e eles ficam felizes com isso. Estão presentes em toda parte. Os filhos e as filhas dos espíritos das águas *yawarioma pë* brincam ali sem parar. No entanto, os brancos não sabem nada disso. Pensam que a floresta é bela, fresca e ventilada sem motivo. Para nós, a "natureza" é *urihi a*, a terra-floresta, e os espíritos *xapiri pë* que *Omama a* nos deu. A floresta não existe sem motivo. Os espíritos vivem ali e *Omama a* quis que protejamos suas habitações.

2. Um mundo cujo nome é floresta[1]
Homenagem a Napëyoma

Bruce Albert

O solo deles não é o nosso solo.

Claude Lévi-Strauss[2]

O território não é o que ocupas, mas aquilo que te define.

Bruno Latour[3]

Entrei em contato pela primeira vez com Claudia Andujar, fotógrafa emblemática dos Yanomami do Brasil, por uma carta de quatro páginas escrita no verão de 1977.[4] Estudante de doutorado em antropologia, eu estava de volta a Paris depois de uma primeira longa temporada (1975-6) com os Yanomami do rio Catrimani, no oeste de Roraima.[5] Claudia havia realizado em 1974, na mesma região e junto às mesmas comunidades, uma etapa fundamental de seu trabalho fotográfico, graças a uma bolsa da Fundação Solomon R. Guggenheim, de Nova York.[6] Durante minhas peregrinações na floresta, meus anfitriões costumavàm me falar dessa intrigante visita, ao mesmo tempo calorosa e intrépida, a quem tinham apelidado de *Napëyoma*, "a mulher branca".

Desde o início de 1977, rumores sobre uma possível epidemia de sarampo no rio Catrimani haviam me alertado para a situação sanitária dos grupos isolados que eu visitara no alto curso desse rio. Assim, resolvi apelar para Claudia a fim de contribuir com a organização de um programa emergencial de saúde na região. Eu ainda ignorava, mas o pior já tinha acontecido. Claudia me informou em sua resposta, no mês seguinte,[7] que a epidemia que se propagara a partir de um subposto da Funai no rio Mapulaú em dezembro de 1976 dizimara os habitantes dos afluentes vizinhos do alto Catrimani.[8] Ela passara dois meses muito sofridos ali, em abril e junho de 1977, acompanhando Carlo Zacquini, encarregado da missão Catrimani, no socorro aos últimos sobreviventes. Depois foi expulsa do lugar, sem a menor consideração, por um funcionário da Funai xenófobo e hostil ao trabalho da missão em favor dos indígenas. Teve de retornar a São Paulo no começo de julho.[9] Tentava, então, desesperadamente obter uma nova autorização oficial para poder retomar seu trabalho fotográfico e humanitário com os Yanomami. Esse documento lhe será recusado várias vezes pela Funai, dirigida na época por generais, com a desculpa de que a presença dela entre os Yanomami, situados numa zona de fronteira, constituía uma ameaça à "segurança nacional".[10]

Preso no mesmo labirinto político e burocrático, mas estudante anônimo, tive mais sorte em escapar da atenção dos militares. Consegui enfim voltar à região em fevereiro de 1978 para ser, por minha vez, testemunha da tragédia dos que tinham sido nossos anfitriões e nossos amigos no alto Catrimani. Abatido, recenseei aos poucos 68 vítimas mortas pela epidemia de sarampo, na maioria mulheres, crianças e jovens.

Foi nessa época que me lembro de ter encontrado, ou melhor, de ter entrevisto Claudia pela primeira vez. Tal lembrança, recentemente exumada, apresentava na verdade contornos tão fantasmagóricos que nela só acreditei ao corroborar sua possibilidade cronológica e ao redigir este texto.[11] Que se julgue. Eu começava minha segunda temporada de etnógrafo na região do rio Catrimani: tinha acabado de chegar, dois dias antes, à missão católica local que era o ponto de entrada. De repente, Claudia, para minha grande surpresa, irrompeu sozinha, em plena noite, totalmente de improviso, dirigindo um Fusca preto. A rodovia Perimetral Norte, paralela da Transamazônica, naquele momento ainda era transitável até o Catrimani e Claudia vinha da cidade de Boa Vista, capital de Roraima.

Acordado em sobressalto pelo ronco inopinado de um motor de vw 1300 na noite da floresta, logo desabalei, titubeando, pela trilha que ia da casa coletiva yanomami onde eu dormia até a casinha de madeira da missão. Ofuscado pela luz dos faróis amarelos e com auréolas de nuvens de insetos, de repente avistei confusamente a silhueta de Claudia. Esfumada num halo de luz difusa, tal como uma aparição xamânica, ela parecia brotar do chiaroscuro de uma de suas próprias fotografias.

Após sua expulsão, em meados de 1977, ela finalmente fora autorizada pela Funai a voltar à missão Catrimani por alguns dias, unicamente para recuperar sua bagagem. Evidentemente, a situação não era propícia a longos conciliábulos. Por isso, só alguns meses depois, durante uma temporada médica que me levara a Brasília, é que tivemos enfim a ocasião, na casa de uma amiga comum,[12] de conversar mais longamente.

Ambos fascinados por nosso encontro com os Yanomami e transtornados pelas ameaças que os projetos de desenvolvimento da ditadura militar significavam para a sobrevivência deles, redigimos um primeiro documento público para defender a integridade de seu território.[13] Depois, nos reencontramos em São Paulo a fim de preparar, com Carlo Zacquini (e a ajuda de vários amigos, como

Interior de uma casa coletiva na região do rio Catrimani. Fotografia de Claudia Andujar, 1974.

Beto Ricardo, Maria Helena Pimentel e Alain Moreau), um projeto de legalização das terras yanomami. Criamos então uma associação, Comissão Pró-Yanomami (CCPY), e lançamos a primeira campanha internacional de apoio aos direitos territoriais dos Yanomami.

Desde então, se passaram 45 anos, durante os quais nossa amizade e nossa luta comum continuaram a acompanhar indefectivelmente o destino dos Yanomami. Este texto é, assim, antes de tudo, uma homenagem a *Napëyoma*, guerreira incansável e visionária fora do comum com quem tive o privilégio de compartilhar esta aventura. Nele evocarei a imaginação metafísica, a invenção social e a ironia poética dos Yanomami, "habitantes da terra-floresta" (*urihi thëri pë*) cuja elegância suas fotografias capturaram tão suntuosamente. Imagens tão preciosas quanto enigmáticas, vindas do coração de um mundo-floresta que há tanto tempo e tão intensamente nos seduziu e que tentamos, juntos e com outros, em primeiro lugar, obviamente, nosso amigo Davi Kopenawa, defender contra a loucura predatória dos brancos, os *napë pë*, que ele chama também com perspicácia de "povo da mercadoria".

O vasto espaço florestal de fronteiras nebulosas que antigamente costumava se chamar de "território yanomami" está consignado desde 1992 nos registros e levantamentos cartográficos do Estado brasileiro, graças ao longo combate da CCPY e de Davi Kopenawa, sob a denominação oficial de "Terra Indígena Yanomami". Assim repertoriado, ele se mostra na forma de um longo traçado fechado que, encostado na fronteira Brasil-Venezuela, circunscreve uma imensidão de floresta tropical de 96 650 quilômetros quadrados, cercada ou coberta por um quadriculado de unidades administrativas e políticas diversas, locais ou federais.

Todavia, ao escutarmos os próprios Yanomami, sob o espaço plano dessa geografia burocrática (que a etnopolítica yanomami está longe de desconhecer, como se verá) transparece outra realidade, que tem por nome *yanomae thë pë urihipë*, "a terra-floresta dos seres humanos", complexo pluriverso sociocosmológico cujas coordenadas vou me esforçar para desdobrar aqui aos poucos.

Em sua acepção mais ampla, o termo *urihi a* refere-se ao mesmo tempo à floresta e ao espaço terrestre que a sustenta (a terra como solo traduz-se pelo termo *maxita a*). A "terra-floresta dos seres humanos" constitui o centro (*miamo a*) desse mundo terrestre, cujas margens incertas (*kasi ki*, os "lábios", as "beiras") são descritas pela expressão "terra dos forasteiros-inimigos", *napë pë urihipë*. Tal espaço periférico é habitado, na zona mais próxima, por outros grupos indígenas (*napë pë yai*, "os verdadeiros forasteiros") e, mais adiante, pelos brancos (*napë kraiwa pë*). Após o desaparecimento progressivo da maioria das diversas etnias que antigamente cercavam os Yanomami,[14] o mito de origem dos primeiros (os outros indígenas) tornou-se o dos segundos (os brancos). Porém, tratando-se de uns ou de outros, o relato do "primeiro tempo" estabelece que esses "forasteiros-inimigos" (*napë pë*) só foram criados por *Omama a*, o demiurgo yanomami, à guisa de humanidade derivada (para não dizer de segunda ordem), a partir do sangue de ancestrais descuidados, levados pelas águas e devorados por ariranhas e jacarés-açus depois de infringir as regras de um rito de primeira menstruação.

Comparada com um grande disco de terracota (*mahe a*) usado pelas mulheres para preparar seus beijus de mandioca, a totalidade formada por esse nível terrestre é chamada *urihi a pree* ou *urihi a pata*, "a grande terra-floresta", "o mundo inteiro". Foi também *Omama a* que, no "primeiro tempo", encarregou-se de definir os grandes traços de sua geografia física. Por mais herói mítico que fosse, excedido por suas tarefas paternas, ele o fez de uma maneira algo impulsiva e desordenada. Enquanto trabalhava em sua roça sob um sol escaldante, cansado das queixas do filho sedento, furou desesperado a terra com a ajuda de um pau de cavar,[15] fazendo surgir as águas do grande rio subterrâneo *Motu uri u* para matar a sede do menino. A torrente começou a jorrar com tamanha força que projetou a criança nos ares e se espalhou em todas as direções, a caminho das terras baixas, formando a rede hidrográfica que irriga, a partir da serra Parima, o conjunto da região hoje ocupada pelos Yanomami.

Por fim, depois de seu gesto fundador, *Omama a* deixou-se iludir pelos alertas de seu filho, que confundiu o canto sonoro de um pássaro minúsculo, o cantador-da-guiana (*Hypocnemis cantator*), com a ameaça de um terrível ser maléfico que fora se gabar de esfolar os humanos, o dono do algodão, *Xinarumari a*. Aterrorizado, nosso demiurgo trapalhão fugiu o quanto antes em direção ao levante, mais além da terra dos forasteiros-inimigos, abandonando à própria sorte criação e criaturas. Afinal, num derradeiro esforço para dissimular seus rastros e proteger sua fuga, plantou atrás de si, aqui e ali, grandes folhas de palmeira que se transformaram em outras tantas montanhas espalhadas pela floresta.[16]

O nível terrestre, desta vez considerado de acordo com um eixo cosmológico vertical, é designado pela expressão *warõ patarima mosi*, o "velho céu", ou, para os xamãs, *hutukara a*. Desse ponto de vista, ele constitui um dos quatro andares (*mosi*) que compõem a estrutura folheada do cosmos yanomami. Além disso, esses quatro estratos são cercados de uma imensidão vazia conhecida pelo nome de *wawëwawë a*, termo que qualifica também, na floresta, os espaços desprovidos de vegetação.

Sob o "velho céu" que é a terra, estende-se o "mundo de baixo", *pëhëtëhami mosi*, universo úmido e lamacento habitado por caititus, lombrigas e vespas monstruosas, irrigado pelas ondas ctônicas do *Motu uri u* e incessantemente varrido pelo ser irascível do vento das tempestades, *Yariporari a*. Esse mundo da escuridão e da podridão, antro dos seres da noite (*Titiri a*), do tempo coberto (*Ruëri a*) e do caos (*Xiwãripo a*), é também o dos *aõ patari pë*. Esses ancestrais atirados no mundo subterrâneo pela queda do céu do "primeiro tempo" (ver adiante) ali se metamorfosearam em monstros glutões de dentes afiados, gulosos dos "restos" (*kanasi pë*) de seres maléficos, de espíritos da epidemia ou de substâncias de feitiçaria que lhes jogam debaixo da terra os xamãs no final de suas curas.

O disco terrestre é coberto pelo céu, *hutu mosi*, cujo "peito" distante os humanos contemplam e em cujas "costas" habitam os seres trovões, os seres raios e os espectros dos defuntos (*pore pë*) que para lá são enviados no fim do grande ritual de aliança e de funerais *reahu a*. A floresta das costas do céu é excepcionalmente rica em caça e repleta de árvores frutíferas, garantindo aos espectros uma vida de festas e abundância, a ponto de poderem às vezes deixar cair um pouco desse "valor de fertilidade" (*në rope a*) para os vivos que não o possuem. Cedem-no então, de bom grado, aos xamãs que vão pedi-lo, a menos que, ocupados em entoar seus cantos cerimoniais (*herii*), comovam-se ao ouvir as mulheres dos humanos se queixarem da fome e contentem-se em jogá-lo na floresta terrestre.

A nascente do céu (*hutu mosi ora*) situa-se a oeste, a jusante (*hutu mosi koro*), a leste. O nível celeste encurva-se nos confins para se aproximar do platô terrestre sobre o qual ele se apoia com a ajuda de "pés" gigantescos (*hutu mosi mahu kɨ*). Nos limites da terra, ali onde no levante ela fica bem próxima do céu, eleva-se na noite e no frio *Maa hi*, a grande árvore da chuva cujas folhas não param de pingar água e cuja floração dá início, ao mesmo tempo, à estação das chuvas e à enchente dos rios.

Além do nível celeste, *hutu mosi*, existe um céu embrionário (*tukurima mosi*, "jovem céu") ainda diáfano e habitado pelos espectros humanos depois de uma segunda morte que os transforma em seres moscas (*prõori pë*), larvas (*moxari pë*) e urubus sem plumas (*watupari pë*), bem como em espíritos fúnebres (*yorohiyoma pë*).[17] O qualificativo *tuku* ("claro", "jovem") que entra na composição do nome do céu em formação evoca a brancura dos jovens brotos da vegetação das roças ou da floresta.

A arquitetura em quatro andares que ordena a cosmologia yanomami não é, porém, uma estrutura estática. Ao contrário, é a imagem, fixada em determinada época, de uma dinâmica de longa duração que assume a forma de uma espécie de folheado descendente. Por isso, o nível terrestre atual (*warõ patarima mosi*) é formado por um antigo nível celeste (*hutu mosi*) caído nos primeiros tempos, que por sua vez foi substituído por um "jovem céu" (*tukurima mosi*), enquanto a antiga terra se tornava mundo subterrâneo (*pëhëtëhami mosi*). Desde o desabamento inaugural do tempo das origens míticas que instaurou seu estado atual,[18] o cosmos está à mercê de uma nova transformação que os xamãs se empenham constantemente em prevenir, como se qualquer mudança brutal destinasse o tempo cosmológico ao futuro anterior, o da queda do céu de que Davi Kopenawa tão bem falou. Assim, no fim dos anos 1980 a catástrofe ambiental e epidemiológica provocada pela primeira invasão maciça dos garimpeiros no território yanomami causou ali a propagação de um boato profético associando o temor de um novo desabamento celeste à dizimação dos antigos xamãs.[19]

Para os Yanomami, a "terra-floresta" *urihi a* não é de nenhuma maneira um espaço exterior à sociedade, cenário mudo e inerte das atividades humanas e simples campo de recursos cujo domínio se deveria controlar. Trata-se mais de uma vasta entidade viva dotada, como todas as outras, de uma imagem-essência (*utu-*

Na floresta de Watoriki. *Fotografia de Raymond Depardon, 2002.*

pë a) a que os xamãs chamam *Urihinari a*. Essa imagem (*urihi a në utupë*) refere-se primeiro à unidade visível da floresta, à sua forma corporal: o solo é assim sua "pele exterior" (*sipo si*) e a vegetação, sua pilosidade. Ela também remete a seu *animatio* vital: a floresta é dotada de um sopro (*urihi wixia*), exalação úmida cujo frescor garante seu "valor de fertilidade" (*urihi a në rope*), isto é, a força de crescimento tanto de sua vegetação como a de todas as plantas cultivadas nas roças que ali são abertas.

Como os humanos, a "terra-floresta" sofre e sente dor quando derrubam suas árvores. Ela morre quando é incendiada, dando lugar a uma terra seca e quente, onde vai se instalar *Ohinari a*, o espírito da fome. Diz-se então que "a floresta tem valor de fome", *urihi a në ohi*, e que essa entidade maléfica sopra, dia após dia, seu pó xamânico nas narinas dos humanos a fim de enfraquecê-los para deles se alimentar.

Os "seres humanos" (*yanomae thë pë*) não são, obviamente, os únicos habitantes da "terra-floresta", longe disso. Várias classes de não humanos interagem com eles em permanência, seja por intercâmbios diretos, seja pela mediação dos xamãs. São, em primeiro lugar, os animais (*yaro pë*), ex-humanos transformados em caça no tempo das origens.

Antes que o demiurgo *Omama a* chegasse à existência e criasse um mundo ordenado, os primeiros ancestrais míticos foram humanos com nomes de animais, os *yarori pë*.[20] Dados a todo tipo de desregramentos — inversões por antecipação das normas sociais atuais (com certa predileção pelo incesto e pelo canibalismo) —, acabaram por perder sua forma (mas não sua subjetividade) humana (*xi wãrii*) e por se verem, um após outro, agarrados num processo irrepressível (*yaropraɨ*) de se tornarem animais. Assim, aos poucos os humanos-animais míticos se metamorfosearam em caça. Ex-humanos, os animais se consideram desde então as verdadeiras "pessoas da floresta" (*urihi thëri pë*) em oposição aos seres humanos mais recentes, oriundos da progenitura descendente do demiurgo *Omama a*, aos quais eles chamam de "pessoas das casas" (*yahi thëri pë*).

Depois, em oposição aos humanos e à caça, abre-se a imensa categoria dos seres invisíveis (ao menos aos olhos dos homens comuns), os *yai thë pë*, entre os quais se distinguem os "espíritos" xamânicos (*xapiri pë*). Essas entidades, descritas na forma de imagens humanoides miniaturas com ornamentos brilhantes e coloridos, são na verdade os "seres-imagens" dos antepassados primordiais antes de sua transformação animal. Por isso, costumam ser chamados pelo mesmo termo genérico que eles: *yarori pë*.

Os xamãs têm a tarefa de "fazer descer" e "fazer dançar" esses seres-imagens que se tornam, à guisa de espíritos auxiliares, seus "filhos". Além disso, sendo "homens-espíritos" (*xapiri thë pë*), os xamãs se identificam com essas entidades durante seus transes (coreografias e cantos) e endossam, alternadamente, suas subjetividades de humanos-animais do tempo das origens. Adquirem por esse viés a capacidade de manter relações amistosas ou hostis com a legião de entidades não humanas versáteis e perigosas que povoam o universo. É essa diplomacia ontológica que lhes dá o poder de cuidar dos seres humanos e garantir a regularidade dos ciclos meteorológicos, ecológicos e cósmicos.

Os *xapiri pë*, que olham como espectros os humanos não xamãs, os simples mortais ou "pessoas comuns" (*kuapora thë pë*), são os verdadeiros donos da "terra-floresta" cujas cadeias montanhosas constituem sua morada. Toda a sua extensão é coberta por largos espelhos (*mireko pë*) enfeitados de plumas brilhantes e imaculadas onde eles não param de correr e de se divertir. Seus deslocamentos produzem o vento (*watori a*) que conserva o frescor da floresta. Porém, eles devem dividir esse imenso campo com outras entidades igualmente múltiplas mas temíveis, os *në wãri kiki*,[21] espíritos maléficos que povoam o fundo das matas (*urihi komi*, "a floresta fechada, sem caminhos"), o flanco das colinas, as profundezas dos lagos e dos grandes cursos de água. A maioria das curas xamânicas encenam, assim, o enfrentamento dos espíritos auxiliares dos xamãs com esses cruéis seres da floresta que veem os humanos como sua caça (os adultos, como macacos-aranhas, as crianças, como papagaios) e se apossam de sua imagem vital (*utupë a*) para devorá-los.

Voltemos agora aos grandes traços da geometria variável com a qual os "seres humanos" (*yanomae thë pë*) tecem, de casa em casa, o entrelaçamento social, político e ritual que, por sua vez, cobre toda a extensão da "terra-floresta".

Os grupos locais yanomami são em geral compostos de parentes cognáticos[22] reais ou classificatórios e corresidentes (*kami thëri yama ki*), abrigados numa casa coletiva de forma cônica (ou, se for mais espaçosa, troncônica) chamada *yano a* ou *xapono a*.[23] Tais coletivos são o mais endógamos possível: seus membros tendem a se casar entre si na medida em que a demografia e a nomenclatura de parentesco permitem. Todavia, apesar desse ideal autárquico, cada entidade local é sempre ligada a várias unidades circunvizinhas semelhantes, por uma rede de intercasamentos, por relações de solidariedade política, e também por trocas econômicas e, sobretudo, cerimoniais, através dos *reahu*, a um só tempo ritos de aliança e ritos funerários.

Assim formam-se conjuntos multicomunitários de estabilidade e composição variáveis que mantêm, diante das outras redes multipolares de mesma natureza, um estado de hostilidade estrutural declinado de diversas maneiras (ataques guerreiros, acusações de feitiçaria, xamanismo agressivo). Essas pequenas galáxias de grupos locais aliados, cujas fronteiras incertas separam amigos (*nohimotima thëpë*) e inimigos (*napë thëpë*), visitantes (*hwama pë*) e guerreiros (*wai pë*), se sobrepõem parcialmente às suas margens para formar, de ponta a ponta, uma vasta malha social e política que conecta, na forma de uma estrutura em escamas, a totalidade das casas ou dos agrupamentos de casas da "terra-floresta dos seres humanos".

Finalmente, é no nível do grupo local — "os habitantes ou gentes de" (*thëri pë*) —,[24] unidade de base dessa topologia intracomunitária, que ganha sentido a acepção mais estrita do conceito de "terra-floresta" (*urihi a*). Assim, as expressões *ipa urihi a* ("minha terra-floresta") ou *kami yama ki urihipë* ("nossa terra-floresta") denotam, em determinada época, para um indivíduo ou para um conjunto de corresidentes, o espaço familiar em que, a partir de sua unidade residencial, se desenvolvem os trabalhos e os dias de sua comunidade. Esse espaço local de uso dos recursos é articulado pelo conhecimento e pela utilização de uma complexa rede de caminhos (principais e secundários) ligando uma constelação de lugarejos (acampamentos de caça e de coleta, antigas roças e sítios de habitação, agrupamentos de árvores frutíferas, acidentes geográficos).[25]

Essa rede sempre movente de topônimos e trilhas se sobrepõe às ramificações do sistema hidrográfico para constituir a trama da geografia cultural que estrutura o espaço local da "terra-floresta". Ele se desdobra a partir da casa coletiva e de suas roças segundo três ramos principais (por sua vez ainda muito ramificados): rede de proximidade dos lugares de coleta, pesca e caça ocasionais, rede dos caminhos de caça cotidiana (*rama huu*), rede das trilhas e acampamentos das expedições de caça coletivas de longa duração (*hwenimuu*) ou de coleta (*waimi huu, yanomoãɨ*), tudo isso cobrindo um espaço de contornos indefinidos de cerca de quatrocentos quilômetros quadrados.

No entanto, para um indivíduo ou um conjunto de indivíduos, o conceito restrito de "terra-floresta" não se aplica apenas a esse território coletivo local em que se inscreve sua existência durante determinado período, mas a todos os espaços de mesma natureza sucessivamente ocupados ao longo da história migratória de seu grupo.

Quanto a esse ponto, impõe-se um breve parêntese histórico. Desde o século XIX, os Yanomami tiveram um forte crescimento demográfico decorrente da aquisição de ferramentas metálicas e de novos cultígenos, bem como de uma considerável expansão territorial, favorecida pela dizimação das etnias circunvizinhas, em especial no Brasil durante a colonização do rio Branco (a partir de meados do século XVIII). Tal expansão da antiga população yanomami tomou a forma de uma intensa dinâmica de cisão e migração de grupos locais a partir de um território de origem (provavelmente modesto) situado na cadeia montanhosa da serra Parima, entre o Brasil (rio Parima) e a Venezuela (alto Orinoco) atuais.

Reconstituída pelas pesquisas etnográficas realizadas desde os anos 1960 nos dois países, a multiplicidade dessas trajetórias migratórias pode ser esquematizada na forma de uma imponente rede radial composta de vários ramos que tomam, por sua vez, a forma de arborescências complexas cujas ramificações cobrem a totalidade do território yanomami atual. Tudo parece se passar como se esses macropercursos, inscritos no espaço da *urihi a* global ("terra-floresta dos seres humanos"), constituíssem a réplica, em grande escala, das redes de lugares e caminhos internos a cada uma das *urihi pë* (plural) locais (passadas e presentes) que formam uma espécie de pontos nodais dessa vasta topologia migratória. Teríamos assim, entre "terra-floresta" global e "terras florestas" locais, não apenas uma sobreposição semântica mas também uma relação de "fractalidade" geográfica.[26]

Todos os grupos locais yanomami atuais são produto dessa antiga dinâmica de cisões e migrações. É por isso que os membros mais antigos de cada aldeia retraçam espontaneamente a história de sua vida e a de sua comunidade a partir da topologia reticular desses deslocamentos. A narração de cada percurso migratório individual ou coletivo chegando a uma comunidade atual (*thëri*) e a seu espaço de "terra-floresta" (*urihi a*) local é, por essa razão, estruturada por uma cadeia de topônimos formada pelos nomes dos locais sucessivos ocupados no correr do tempo (*urihi thë ã*, "nomes de terra-floresta"). Os acontecimentos biográficos (episódios vitais e outros fatos memoráveis) ou coletivos (conflitos, cisões, guerras, contatos, epidemias) são, portanto, relatados a partir de sua agregação mnemotécnica a "nós" toponímicos situados ao longo de um itinerário migratório cuja complexidade cresce proporcionalmente à proximidade da comunidade do narrador com a periferia do território yanomami em sua extensão máxima. Dessa maneira, as cadeias toponímicas de "nomes de terra-floresta" fornecem uma espécie de exoesqueleto espacial à memória individual e social yanomami. Elas formam rosários de cronótopos[27] a partir dos quais a geografia do grupo torna-se a condição de sua história e onde espaço, temporalidade e narratividade se entrelaçam indissociavelmente na forma de verdadeiros "mapas verbais".[28]

Em tal contexto, o conceito restrito de *urihi a* como "terra-floresta" local circunscreve desta vez uma espécie de módulo itinerante, um "território transportável"[29] capaz de deslizar sobre o chão da floresta de região em região. Assim, é nessa escala que um indivíduo yanomami poderá se referir pela expressão *ipa urihi a*, "minha terra-floresta", ao espaço florestal que o viu nascer (*keprai*), ou melhor, crescer (*patai*). Porém, essa terra-floresta dos primeiríssimos anos terá sido em geral abandonada bastante depressa pelos seus, e em seguida a expressão *ipa urihi a* fará sempre referência, para o interessado, ao último espaço ocupado em seu percurso migratório, no momento em que ele fala. Em suma, para um Yanomami, "minha terra-floresta" costuma se referir, portanto, a seu espaço vivido atual, e mais raramente, num relato biográfico, à sua "terra-floresta", se não de nascimento, ao menos de infância.

Chegando ao término dessa perambulação no coração da "terra-floresta dos seres humanos", ter-se-á medido a que ponto nossas noções de território e de "terra natal", sobrecarregadas de metáforas sobre topografias e raízes, são pouco compatíveis com a "arquitextura"[30] móvel e polivalente da territorialidade yanomami. Como notou Lévi-Strauss outrora a respeito dos Nambikwara, não se trata aqui de superfície contínua e de fronteiras fechadas, de um território fixado à terra, mas da itinerância flutuante de um sistema de "valores do solo" em constante recomposição.[31] Assim, o conceito yanomami de *urihi a* em nada remete ao berço identitário de um solo imutável; longe disso, alude a um complexo entrelaçamento de linhas e percursos de geometria variável, ao mesmo tempo folheado e "rizomático".[32] Por outro lado, de encontro ao nosso conceito de ruralidade, o espaço social yanomami começa a transbordar seu quadro histórico para espalhar pseudópodes urbanos (sedes associativas, "casas de apoio") a partir dos quais se ativa, entre cidade e floresta, um vaivém constante de pessoas, informações e bens. Essa dinâmica de expansão transversal é hoje característica das novas formas de reprodução social indígena e não tem nada a ver com uma emigração resultante de suposta "aculturação". Muito pelo contrário, ela sustenta, entre vários povos indígenas, a formação de verdadeiras "comunidades translocais" animadas por fluxos migratórios circulares permanentes entre rural e urbano.[33]

Finalmente, refratárias a qualquer atribuição a uma identidade e a uma localidade imutável, as comunidades yanomami se opõem com determinação ao recorte e à reificação de seus "territórios itinerantes"[34] (os *urihi pë* locais) numa constelação de terras encravadas. Foi justamente um modelo de sedentarização assim que a lógica estatal tentou lhes impor nos anos 1970, intimando-os a se dobrarem ao desmembramento da "terra-floresta dos seres humanos" num conjunto de microrreservas com vocação agrícola, bem como a se submeterem ao estatuto de "pequenos produtores" rurais.

Nessa época — aquela em que Claudia e eu vivemos no rio Catrimani —, o avanço do planejamento rodoviário e agrícola transamazônico dos governos militares, e depois, em seu rastro, o da fronteira econômica espontânea (colonização, fazendas de pecuária, garimpeiros) começaram a cercar e, em seguida, a penetrar na "terra-floresta" dos Yanomami. Essa dinâmica de expropriação e a legislação que a sustentava (o Estatuto do Índio de 1973) impuseram-lhes então um processo de auto-objetivação através do prisma jurídico de novas categorias identitárias e terri-

River-Crossing #2, Kashorawëteri. Fotografia de Lothar Baumgarten, 1978.

toriais urdidas pelo Estado desenvolvimentista. De "seres humanos" (*yanomae thë pë*), eles tiveram de se tornar, segundo o modelo oficial das "comunidades indígenas", os "índios Yanomami", enquanto o que consideravam a "terra-floresta dos seres humanos" (*yanomae thë pë urihipë*) estava fadado a ser retalhado num arquipélago de micro-"terras indígenas".

Recusando-se a ver sua terra-floresta espoliada e seu povo reduzido à "favelização" rural, os Yanomami se empenharam, desde os anos 1980, em subverter e virar em seu favor a retórica dos direitos identitários e territoriais impostos pelo Estado. O exemplo mais notável dessa "resistência mimética"[35] é o do xamã e grande figura da etnopolítica yanomami Davi Kopenawa, que não parou de expressar suas reivindicações legalistas por um talentoso cruzamento entre reinterpretação cosmológica dos efeitos sociais e ecológicos do contato, invocação xamânica das multiplicidades ontológicas que animam a "terra-floresta" e rememoração do lugar, modesto e transitório, que ali devem ocupar os humanos e suas atividades.

Depois de mais de um decênio, os Yanomami conseguiram a demarcação e a homologação de um vasto território ininterrupto, pouco antes da Cúpula da Terra das Nações Unidas no Rio de Janeiro, em junho de 1992. A "terra-floresta dos seres humanos" (*yanomae thë pë urihipë*), ratificada pelas categorias jurídicas do indigenismo oficial e consagrada pela poderosa ascensão do ecologismo mundial, tornou-se a "Terra Indígena Yanomami" (cuja integridade acha-se hoje, mais uma vez, muito gravemente ameaçada pelos garimpeiros).

Em 2004, os Yanomami fundaram uma associação cujos representantes ou aliados locais cobrem praticamente todas as regiões de seu território. Deram-lhe o nome (por iniciativa do grande xamã L. Yanomami, sogro de Davi Kopenawa) do antigo céu caído no tempo das origens para formar a atual "terra-floresta dos seres humanos": *Hutukara*, nome cujo valor de uso etnopolítico eles tiveram o cuidado de reafirmar no subtítulo de seu jornal: "*Hutukara*, nome defensor da terra-floresta" (*Hutukara urihi noamatima wãha*). Essa sutil reafirmação da singularidade do pensamento xamânico da "terra-floresta" yanomami sob as grades culturais da territorialidade da sociedade dominante com as quais foi preciso compor, mas como "meio de reafirmar a diferença",[36] é mais uma prova, como se ainda fosse necessária, de sua extrema vitalidade.

Essa resiliência rebelde da "terra-floresta-mundo" yanomami sob o espaço gráfico da burocracia estatal tem, a meu ver, a riqueza de um ensinamento crucial: o da possibilidade de sonhar uma terra "Leve", tal como a evocada por Nietzsche,[37] tecida por multiplicidades móveis em que, como escreveu John Rajchman, "tornamo-nos 'nativo' [...] somente quando sabemos 'trocar de lugar'".[38] Uma terra lábil da qual só se pode, de certo modo, tirar uma identidade ao tê-la deixado.[39] Talvez seja, no fundo, essa alternativa luminosa ao peso mortífero do *Heimatboden* e da identidade heideggeriana,[40] que tanto cativou e aproximou Claudia Andujar e o autor destas linhas, vindos de horizontes tão diferentes, mas igualmente longínquos (da Hungria e do Marrocos) para encontrar há mais de quatro decênios um "ser-no-mundo" no exílio e no alhures, no Brasil, graças a um improvável mas infrangível sentimento de afinidade e de solidariedade com o povo yanomami.[41]

3. Gente de perto, gente de longe

Davi Kopenawa

DEFENDER A FLORESTA

É possível que vocês tenham ouvido falar de nós. No entanto, não sabem quem somos realmente. Não é uma boa coisa. Vocês não conhecem nossa floresta e nossas casas. Não compreendem nossas palavras. Assim, era possível que acabássemos morrendo sem que vocês soubessem. É por isso que, se ficarmos no esquecimento de vocês como tartarugas escondidas no chão da floresta, penso que é pena.

Os brancos em torno da nossa terra são hostis. Não sabem nada da gente e nunca perguntam como viviam nossos ancestrais. Só pensam em ocupar nossa floresta com seu gado e em destruir nossos rios para catar ouro. Só a gente de longe quer nos conhecer e nos defender. Suas palavras são fortes e vêm nos ajudar. Graças a elas, a gente de perto, que não para de falar contra nós, desistirá de invadir a floresta.

Brancos vieram de longe para fazer uma exposição de nossas imagens. Viveram entre nós e ouviram nossas palavras. Viram-nos com seus próprios olhos e comeram nossas comidas. Fizemos amizade. Agora, o pensamento deles é direito, e eles estão ao nosso lado. Na volta deles, falarão de nós para as pessoas de suas terras. Contarão o que viram e ouviram na floresta. Mostrarão nossas imagens e farão ouvir nossas vozes. Muitos deles, por sua vez, nos compreenderão. Se for assim, vou ficar feliz. Será uma coisa bonita e direita.

Quando a gente de longe nos conhece e fala de nós, a gente de perto hesita em nos destruir. Sem o apoio dessas palavras amigas, os colonos e os fazendeiros continuarão a se aproximar de nós. Vão talvez um dia consertar a rodovia que deixaram abandonada na nossa floresta.[1] Então, os garimpeiros vão de novo afluir. Os políticos mandaram máquina para furar o solo e procurar minerais, e os militares vão ser cada dia mais numerosos.[2]

É assim. Entre os brancos há os que são gente de *Omama a*.[3] São aqueles cujo pensamento é direito e que nos defendem. Os outros — aqueles cujo espírito é enfumaçado e cheio de esquecimento, os que querem destruir a floresta e expulsar os espíritos — são a gente de *Yoasi a*, o irmão mau de *Omama a*, que nos deixou as doenças e a morte.

No momento em que eu falo, vocês trabalham perto de nós. Olham nossa floresta e a Montanha do Vento que está acima dela. Vocês nos veem comer, trabalhar e dormir. Vocês nos veem caçar e fazer dançar nossos ancestrais animais. Você nos veem agir como espíritos.[4] Vocês desenham nossas palavras, pegam nossas imagens. Nós inalamos diante de seus olhos o pó *yãkoana a*[5] para curar os nossos. Nós trazemos de volta o princípio vital das crianças, levado pelos espíritos maléficos. Nós salvaguardamos seu duplo animal ferido por caçadores distantes. Nós os defendemos contra os espíritos aves de rapina enviados por xamãs inimigos. Vocês nos observam e dizem: "*Haixopë!*[6] É assim que, longe de nós, os Yanomami viviam desde sempre. Eles fazem descer os espíritos para curar. Nós não sabíamos". Eu convidei vocês para virem à nossa aldeia para lhes dar esse pensamento.

Depois de fazerem muitas imagens na nossa casa e na nossa floresta, vocês vão levá-las para longe, para outras terras. Vão mostrá-las às crianças, às moças, aos moços, aos adultos e aos anciãos que irão ver a exposição. Eles farão perguntas e vocês responderão: "Sim, os Yanomami são outras pessoas; eles protegem sua floresta desde sempre". Vocês vão lhes dar assim pensamentos direitos. Então, eles terão interesse por nós, quererão nos defender. Pensarão: "*Haixopë!* Gostamos de ver os Yanomami e ouvir suas palavras. São grandes xamãs. A floresta deles é bela e eles sabem defendê-la. Ela foi fechada, outrora, pelo governo do Brasil. Se outros brancos querem invadi-la, falaremos duro para afastá-los".[7]

Eu gostaria que aqueles que veem nossas imagens tenham esse pensamento. Então, ficarei satisfeito, pois não quero mais que os brancos que nos são hostis continuem a dizer: "Os Yanomami são gente da floresta, como animais. São violentos. São preguiçosos e ocupam terra demais para nada". Não quero mais que nossos filhos morram de malária e de gripe. Quero que cresçam na floresta e que, por sua vez, se tornem xamãs.

FAZER DANÇAR OS ESPÍRITOS

Inalamos o pó *yãkoana a* para entrar em estado de fantasma. É assim que fazemos dançar os espíritos *xapiri pë*. Antigamente, eles se deslocavam diante de todos. Hoje, suas imagens continuam presentes, mas ficaram invisíveis para as pessoas comuns. Eles se esconderam nas alturas e só descem a pedido dos xamãs. Cuidam de nós e conhecem os males que nos afligem. Eles os extirpam do corpo dos doentes e os jogam para longe, no mundo subterrâneo. Eles nos curam. É por isso que os espíritos são importantes para nós.

Os brancos não os conhecem. É preciso inalar por muito tempo o pó *yãkoana a* para fazê-los dançar e se tornar um xamã sólido, capaz de combater os espíritos maléficos e vingar os doentes.[8] É tão importante como estudar nos papéis e mandar engolir remédios, como vocês fazem. Vocês devem pensar nisso com sensatez e dizer: "Sim, é bom ver e ouvir os Yanomami chamarem os espíritos".

Nós não nos tornamos outros sem razão.[9] Nossos espíritos são minúsculos mas muito poderosos. Sabem destruir as doenças e nos curar. Lutam contra os espíritos maléficos que nos devoram como caça. Podem calar os trovões, acabar com as chuvas muito abundantes e acalmar o vento de tempestade que quebra as árvores. Fazem crescer as plantas das roças e chamam a fertilidade da floresta que engorda a caça. Impedem o céu de desabar e a floresta de se encher de cobras ou epidemias. É nisso que os xamãs trabalham. A ação deles se estende bem para lá de nossas aldeias.

Os espíritos vivem nas montanhas de pedra, como a que está acima de nossa casa. É uma casa de espíritos, uma casa de ancestrais. Os espíritos são inúmeros. Seus caminhos se ramificam em todas as direções. A floresta é coberta por seus espelhos.[10] Se eles não existissem mais, não estaríamos vivos: os espíritos maléficos teriam devorado até o último de nós. É assim. E se todos os xamãs viessem a morrer, a raiva dos espíritos do fogo celeste, *Thorumari a*,[11] destruiria tudo para vingar a morte deles. Os brancos não escapariam disso, nós também não.

É graças ao trabalho dos xamãs que estamos vivos. Por isso, vocês devem pensar que, quando nos defendem, os xamãs yanomami continuam a proteger vocês também. A terra de vocês parece muito distante. Não é o caso para os espíritos. É por isso que queremos que vocês os conheçam. Assim, talvez pensem:

Na floresta de Watoriki. Fotografia de Raymond Depardon, 2002.

Os xamãs yanomami nos defendem também. Não protegem apenas sua floresta. Os brancos já fizeram muitos deles morrer. Hoje isso deve parar. São habitantes da floresta. Defendem o que dela resta, o que ainda não foi destruído. Assim é bom. Se os Yanomami desaparecessem, acabaríamos morrendo também. Que os xamãs deles continuem, portanto, a combater as doenças, que continuem a segurar o céu e a repelir o espírito da fome!

Os maus brancos de *Yoasi a* costumam nos repetir: "Mandem embora seus espíritos *xapiri pë*, eles não têm nenhum valor, eles sujam o seu peito!". Mas a imagem de *Omama a* nos diz: "Se esquecerem os espíritos, seus filhos não vão parar de morrer. As chuvas vão cair sem limite e a noite não terá mais fim. Os espíritos maléficos e as epidemias vão invadir a floresta!". É por isso que continuamos a convocar os espíritos e a recusar que os fazendeiros e os garimpeiros destruam nossa terra. Assim, é preciso explicar aos que veem nossas imagens e ouvem nossas vozes de longe sem ainda compreendê-las: "Os Yanomami querem continuar a fazer dançar os espíritos. Não deixem que seja enviada até eles a gente de Deus que quer pô-los em fuga.[12] Esses espíritos são deles. Eles os conhecem. Só eles sabem inalar o pó *yãkoana a* para chamá-los e fazer ouvir seus cantos".

O PERFUME DA TERRA-FLORESTA

Não pensem que a floresta está morta, que tenha sido posta ali sem motivo. Se estivesse inerte, nós também não nos mexeríamos. É ela que nos faz mexer. Está viva. Não a ouvimos se queixar, mas a floresta sofre, como os humanos. Sente dor quando a queimam e suas grandes árvores gemem ao cair. É por isso que não queremos deixar que a destruam. Queremos que nossos filhos e nossos netos possam se alimentar dela e crescer nela. Estamos atentos a seu bem-estar, razão pela qual ela está com boa saúde. Nós a desmatamos muito pouco, para abrir nossas roças. Plantamos bananeiras, mandioca, taioba, cará, batata-doce e cana-de-açúcar. Em seguida, após um tempo, a deixamos crescer de novo. Uma vegetação emaranhada invade nossas roças e depois as árvores tornam a crescer. Se a gente replanta várias vezes no mesmo lugar, as plantas não dão mais. Ficam murchas e ressecadas. Ficam muito quentes, como a terra, que perdeu seu perfume de floresta. Depois, nada mais cresce. Por isso é que nossos antepassados se deslocavam na floresta de uma roça a outra quando suas plantações enfraqueciam e a caça escasseava perto de suas casas.

Os brancos que vivem perto de nós são diferentes. Os fazendeiros têm muitos homens para desmatar a floresta. Derrubam as árvores e põem fogo na vegetação em grandes extensões. Tudo isso para não cultivar nenhum alimento, nem mandioca, nem bananeiras. Só semeiam capim para o gado. Os garimpeiros remexem os rios como porcos selvagens. As águas ficam sujas, amareladas, cheias de fumaça de epidemia dos motores.[13] Não se pode mais beber água sem adoecer. Todos os peixes e jacarés morrem. Mas esses brancos repetem: "Vamos abrir estradas, desmatar a floresta, procurar ouro, trazer o desenvolvimento!". Se continuarem a destruir a floresta dessa maneira, nada mais vai sobrar. Então, mais tarde, vão se queixar de fome e de sede, como já fazem alguns deles.[14] Vão ficar privados de tudo e vão pedir comida a outras pessoas ou virar ladrões nas cidades.

As folhas e as flores das árvores caem e se amontoam no chão. É o que dá à floresta seu perfume e sua fertilidade. Esse cheiro desaparece à medida que a terra resseca e engole os igarapés em suas profundezas. Quando se derrubam e queimam por todo lado as grandes árvores, a terra resseca. São essas árvores, como as castanheiras-do-pará e as sumaúmas, que atraem a chuva. Só tem água em floresta com boa saúde. Quando a terra fica nua, o espírito do Sol, *Mothokari a*, queima os rios. Ele os seca com sua língua e engole seus peixes. Quando seus pés se aproximam da terra, ela começa a assar. Sua superfície se torna escaldante e endurece. Nenhum broto de árvore consegue nascer. Não há mais raízes frescas na umidade do solo. A água se retirou para longe. Então, o vento que nos seguia e nos refrescava como um leque vai embora também. Um calor escaldante se instala. As folhas e as flores amontoadas na terra murcham. Todas as minhocas morrem. O perfume da terra queima e desaparece. Nada mais cresce, por mais que se faça. A fertilidade da floresta foge para sempre para outras terras.

Não queremos que isso aconteça, por essa razão é que defendemos a floresta. *Omama a* quer que a conservemos ilesa. Sua imagem nos diz: "Comam as frutas de suas árvores sem derrubá-las. Abram suas roças na floresta, mas não desmatem muito longe. Usem os troncos derrubados para os fogos que os aquecem e nos quais vocês cozinham. Não cortem as árvores à toa. Não pensem que elas cresceram sem motivo!". É por isso que eu gostaria que vocês escutassem as nossas palavras. O pensamento da gente de perto é obscuro e emaranhado. Eles se aproximam de nós desmatando pouco a pouco a floresta. No início da estrada, entre os *Yawari pë*,[15] a terra já está nua e queimando. Logo nada mais vai crescer ali e *Ohinari a*, o espírito da fome, vai chegar. Enquanto os Yanomami mantêm a floresta, ele fica longe. Se os espíritos *xapiri pë* fugirem e nós desaparecermos, ele vai se instalar ali para sempre.

São essas as nossas palavras, as palavras de *Omama a* e dos espíritos, as palavras para defender a floresta. Vocês vieram nos visitar. Eu lhes dei essas palavras na *Watoriki*, nossa casa da Montanha do Vento. Agora, transmitam-nas à gente de sua terra. Mostrem-lhe nossas imagens e as da floresta. Façam-na ouvir as vozes

Susi e Mariazinha Korihana thëri na floresta inundada do rio Catrimani, série "Identidade", Kaxipi u. Fotografia de Claudia Andujar, 1974.

dos animais e os cantos dos espíritos. Que digam: "*Haixopë!* A floresta é bela. Que os Yanomami continuem a viver protegendo-a contra a ameaça dos brancos!". Se ouvirem que as pessoas de perto querem invadi-la e destruí-la, falem com seus antigos e com os do Brasil. Digam-lhes com força: "Conhecemos os Yanomami. Dormimos em suas casas e comemos suas comidas. Fizemos amizade com eles. Queremos que vivam na sua floresta como bem entenderem!". É com esse pensamento que lhes demos nossas imagens e nossas palavras. É assim.

4. Quadros de uma exposição

Bruce Albert

VER E ESCUTAR A FLORESTA

É possível ouvir as imagens e ver o som.
Artavazd Pelechian[1]

Provocar um encontro entre os xamãs de uma aldeia yano-mami da Amazônia brasileira — *Watoriki*, a casa coletiva da Montanha do Vento — e um conjunto de artistas internacionais. Sem paternalismo nem exotismo. Cotejar interrogações ocidentais sobre as imagens, o som e a estética com as de um pensamento de fora. Fazer ecoar a heterotopia de uma metafísica indígena em constante recriação com as trajetórias diversas de um "pensamento selvagem" sempre ativo na arte em nossa própria sociedade.[2] Era esse o objetivo da exposição Yanomami. L'Esprit de la Forêt: articular o confronto com a perspectiva de uma alteridade radical a fim de desestabilizar os quadros de nossa visão e desenraizar os registros de nossa sensibilidade. Um projeto de confrontação de

A casa coletiva de Watoriki. Fotografia de Raymond Depardon, 2002.

olhares e escutas concebido com os xamãs da Montanha do Vento e em especial com Davi Kopenawa.

Vários artistas de diferentes países foram, um após outro, recebidos pelos habitantes dessa comunidade, seguindo uma aposta deliberada de unidade de lugar e de tempo; entre eles, Raymond Depardon, Gary Hill, Wolfgang Staehle, Adriana Varejão e Stephen Vitiello.[3] Outros, como Vincent Beaurin, Tony Oursler e Naoki Takizawa,[4] trabalharam simultaneamente, também em resposta a encomendas da Fundação Cartier, a partir de materiais (entrevistas, desenhos, filmes) produzidos lá mesmo e transmitidos com essa finalidade pelos xamãs, videastas e artistas de *Watoriki*: Davi Kopenawa e seu sogro L.,[5] Joseca e Geraldo, entre outros. Por fim, alguns artistas já tinham trabalhado longamente com os Yanomami antes do projeto de exposição, como Claudia Andujar, Lothar Baumgarten e Volkmar Ziegler.[6]

Todos submeteram sem reservas seu universo criativo à prova da concepção xamânica yanomami das imagens e das vozes da floresta. Sem o propósito de ilustrações nem de correspondências literais, mas pelo desenvolvimento coletivo de um espaço livre de associações interculturais. Yanomami. L'Esprit de la Forêt não apresentava, portanto, nem ornamentos nem objetos "tradicionais" enquanto "arte indígena". Seu intento também não era documental ou militante. Ao contrário, levando o pensamento xamânico yanomami a sério, em pé de igualdade, a exposição se esforçou para construir, por meio de filmes, fotografias, pinturas, esculturas e instalações (sonoras ou em vídeo), um dispositivo de correspondências e ressonâncias estéticas que dialogassem com a reflexão metafísica e a experiência visionária dos onze xamãs da grande casa coletiva de *Watoriki*.

WATORIKƗ: RETORNO ÀS IMAGENS

In imagine ambulat homo.
Santo Agostinho[7]

A exposição Yanomami. L'Esprit de la Forêt, apresentada em 2003 na Fundação Cartier, teve sua origem em dois encontros (franco-brasileiros), num paradoxo (etnográfico) e num desafio (cenográfico). Os encontros, determinantes, foram realizados em torno do chiaroscuro metafísico em que a fotógrafa brasileira Claudia Andujar captou a humanidade intensa e vulnerável dos Yanomami do Brasil no limiar de sua desventura com aqueles que o xamã Davi Kopenawa chama de "o povo da mercadoria", os *napë pë* (os brancos).

Claudia, amiga de lutas e aventuras há mais de vinte anos, de passagem por Paris no outono de 2000 me apresentou a Hervé Chandès que, alguns anos antes, descobrira sua obra na Bienal de São Paulo. A conversa, logo calorosa e apaixonada, não demorou a adentrar com entusiasmo o labirinto barroco do xamanismo e da cosmologia yanomami. Uma grande assembleia yanomami devia se realizar em dezembro de 2000 na comunidade de Davi Kopenawa. Hervé Chandès logo fez a audaciosa aposta de me acompanhar nessa viagem. Nossas conversas, na grande casa coletiva de *Watorikƚ*, através das volutas de fumaça das fogueiras e do entrelaçamento das cordas de redes, foram tomando um aspecto cada vez mais efervescente, ao sabor da ópera barroca das sessões xamânicas, das arengas inflamadas dos "grandes homens" (*pata thë pë*) yanomami e da grande festa *reahu* que chegou ao auge depois de reunir os representantes de umas vinte comunidades aliadas em torno de uma quantidade impressionante de bananas-da-terra e de carne de caça moqueada.

Corte de uma anta depois da caça, Watoriki. Fotografia de Valdir Cruz, 1995.

Uma fotografia tirada por Hervé Chandès na ocasião evoca perfeitamente as interrogações em torno das quais giravam nossos debates. Essa imagem instaura uma imbricação intercultural de olhares. Ela nos mostra, na praça central da vasta casa coletiva de *Watoriki*, dois xamãs de frente (Davi Kopenawa à direita), que apresentam eles mesmos uma imagem (a de um planisfério de imagens por satélite) a um público de outros xamãs vistos de costas e ao forasteiro que fotografa a cena. O xamanismo yanomami consiste — no transe ou no sonho — em "chamar", "fazer descer" e "fazer dançar" a imagem (*utupë a*) dos entes tais como existiam no "primeiro tempo" da criação mítica. Mas, com a foto do planisfério, é um tipo de imagem bem diferente que Davi "faz descer" diante dos seus: não mais uma imagem do tempo das origens, mas uma "pele de imagem" (*utupa si*) do mundo tal como o representam os brancos, reduzido às dimensões de um retângulo de papel.

Aqui Davi Kopenawa encena uma forma de xamanismo político inédito que, para os Yanomami, marca a entrada numa nova forma de "guerra das imagens".[8] As dos brancos (fotos, revistas, cartazes, mapas) se infiltram cada vez mais na floresta yanomami acompanhando, desde os anos 1970, o avanço das mercadorias e das doenças. Portanto, trata-se aqui, para o xamã, de capturar e revirar pelo avesso a força de tais imagens, a fim de contribuir para conter o avanço dos que as espalham nas terras yanomami. Em solidariedade a esse movimento de resistência, a fotografia da apresentação do planisfério põe em cena, por si só, essa confrontação entre imaginário xamânico e imagens ocidentais, mas desta vez nos termos de seu próprio universo de origem, o nosso, que é também seu destinatário.

A complexidade desse jogo cruzado de imagens marcava nossas conversas em *Watorikɨ*, e nos esforçávamos para que delas emergisse um projeto de exposição. Mas sua tradução cenográfica chocava-se com um paradoxo etnográfico que à primeira vista parecia dificilmente superável. De fato, se o conceito de imagem constitui o centro de gravidade da ontologia e da cosmologia dos Yanomami, as imagens xamânicas não são tradicionalmente entre eles objeto de nenhuma figuração estética num suporte material, seja ele qual for.[9] Paradoxo aparente, portanto, de uma cultura focalizada nas imagens xamânicas para a qual, no entanto, a iconicidade tem pouco interesse, e que só concebe imagens "invisíveis" ou ao menos reservadas à visão das "pessoas-espíritos" (os xamãs) e inacessíveis aos "olhos de fantasma" das "pessoas comuns" (*kuapora thë pë*).

Abrimos aqui um curto parêntese etnográfico. As imagens xamânicas yanomami são antes de tudo as dos ancestrais ao mesmo tempo humanos e animais do tempo das origens (mas não só).[10] Constituem o "valor de espectro" (*pë në porepë*) desses seres primordiais, os *yarori pë* ou "gente animal de caça", e se manifes-

Assembleia geral para a defesa do território yanomami. Intervenção de Davi Kopenawa, Watoriki. Fotografia de Hervé Chandès, dezembro de 2000.

tam aos xamãs na forma de uma multiplicidade infinita de humanoides minúsculos, enfeitados com pinturas corporais e adornos de ofuscante luminosidade. Esses *seres-imagens* corpusculares, espécie de *quanta* mitológicos, povoam o mundo em estado livre, ocupados com uma incessante atividade de brincadeiras, trocas e guerras que sustenta a dinâmica dos fenômenos visíveis. Uma vez parte deles instalados, durante a iniciação, numa habitação celeste associada a um jovem xamã,[11] eles se tornam seus "filhos", compondo um subconjunto "domesticado" transitório, portanto, dos seres-imagens originais. Assim se transformam, segundo o jargão dos etnólogos, em "espíritos auxiliares" (*xapiri pë*).

Os Yanomami qualificam todas as manifestações de nossa iconofilia (imagens em papel ou digitais, animadas ou não), representações plásticas diversas (desenhos, gravuras, pinturas, estátuas) e modelos reduzidos (brinquedos e miniaturas) pelo mesmo termo — *utupë a*.[12] Foi essa tradução inicial, a deles, que motivou inversamente a nossa, a dos etnógrafos, a saber, a equação *utupë a* = "imagem". Na verdade, o termo yanomami remete primeiro ao reflexo de uma pessoa (na água ou, mais recentemente, num espelho), à sombra projetada ou até ao eco (*wãã utupë*, "imagem do som"). Também se refere, como vimos, ao "valor de espectro" dos seres do tempo das origens e à sua condição "humanimal" — condição cuja perda a mitologia descreve e o xamanismo permite restaurar e reatualizar. Ele designa, por fim, a imagem-essência de qualquer ente e, no que diz respeito aos humanos, uma componente da pessoa: o "valor de imagem" (*pei a në utupë*), isto é, a imagem corporal miniatura interna em que reside a energia vital e cuja extração do corpo está na origem da doença, mas também das alterações do pensamento consciente, em especial o sonho e o transe xamânico.

O conceito yanomami de *utupë a* não pode, portanto, ser reduzido à noção de "imagem" como representação figurada de uma realidade preexistente sobre um substrato qualquer (*simula-*

crum).[13] Mas também não pode se ver limitado ao registro de nossas "imagens mentais", imagens miragens que igualmente remetem à representação analógica embora, desta vez, interior (*phantasma*). De fato, as imagens, *utupa pë* (plural), dos seres primordiais descritas pelos xamãs com luxo de detalhes estéticos o são primeiro à guisa de percepções diretas de uma realidade exterior considerada absolutamente tangível (o "ver" é, aqui, autenticamente um "conhecer").[14] Por outro lado, elas se fazem ver e ouvir por meio das coreografias e dos cantos associados a cada um dos seres-imagens primordiais que os xamãs convocam alternadamente durante suas sessões, individuais ou coletivas (curas, intervenções cosmológicas, climáticas e ecológicas diversas).

Aos olhos das "pessoas comuns", os xamãs são assim verdadeiros "corpos condutores" atravessados, na qualidade de suportes vivos, pela linha de fuga dos seres-imagens que voltaram do tempo das origens. Portanto, não se trata, no xamanismo yanomami, de "encenar" esses seres-imagens primordiais, mas de fazê-los advir ao mundo visível, de tornar sua presença manifesta através da "tomada de corpo" instaurada pelo transe xamânico. Esse "tornar-se--imagem" dos xamãs não é, pois, uma questão de mímesis ou de representação, e sim, ao contrário, uma questão de transdução e de "presentificação", de presença e de advento do invisível em "corpos-imagens".

As imagens não icônicas dos xamãs yanomami — acontecimentos simultaneamente visuais e ontológicos, corporais e cosmológicos — não podem deixar de abalar nossa concepção de imagem, a um só tempo sustentada pela oposição platônica entre *eidos* (forma verdadeira) e *eikôn/eidôlon* (reprodução, falso-semblante) e indissociável dos suportes pelos quais é proposta aos olhares (paredes, painéis, telas, papéis, placas, monitores).[15] Tal retorno etnográfico sobre o "paradoxo" das imagens yanomami nos ensina, portanto, que este tem a ver, antes de mais nada, com um mal-entendido conceitual produzido pela anamorfose recíproca de olhares culturais dissonantes.

Foi a partir do esclarecimento desse equívoco cruzado que se construiu o projeto da exposição Yanomami. L'Esprit de la Forêt, e foi a partir do desafio de torná-lo esteticamente fecundo que aos poucos o projeto tomou forma. A exposição foi, assim, inventada — com o auxílio indefectível de Davi Kopenawa e de seu mestre em xamanismo e sogro — como um dispositivo experimental destinado a fazer agir a discordância cultural entre "imagem" e *utupë a* pelo viés de um encontro entre os xamãs da comunidade de *Watoriki* e um conjunto de artistas brasileiros, europeus, americanos e japoneses. A aposta de tal confrontação encontrava seu pretexto, como vimos, na ideia de levar ao pé da letra a famosa observação de Claude Lévi-Strauss sobre a arte como último espaço protegido do "pensamento selvagem" na sociedade industrial. Porém, apesar da legitimidade dessa confrontação e da produtividade que dela se esperava, não se tratava de modo algum de assimilar artistas e xamãs, nem de explicar ou mesmo traduzir uma "diferença cultural", mas, ao contrário, de dar a ver e a sentir, através da associação livre de um conjunto de imagens, o jogo de uma irredutibilidade de pensamentos.

Alguns dos artistas mencionados já tinham trabalhado com os Yanomami no Brasil ou na Venezuela, outros produziram obras a partir de transcrições de entrevistas com Davi Kopenawa e seu sogro, vídeos filmados no local por Geraldo Yanomami e desenhos de Joseca Yanomami ou dos jovens da escola bilíngue da comunidade. Cinco deles optaram por uma temporada e um encontro inédito na grande casa yanomami de *Watoriki*. A presença de cada um desses artistas sucessivamente "em residência" junto aos xamãs yanomami com quem trabalharam estreitamente resultou em encontros memoráveis. Que me seja permitido evocar aqui algumas lembranças marcantes.

Vêm-me logo à mente, escrevendo estas linhas, as reuniões compenetradas que esses xamãs yanomami tiveram com Adriana Varejão, reuniões dedicadas a examinar com grande cuidado as reproduções de suas obras — azulejos viscerais e cerâmicas canibais — como outras tantas imagens oníricas dos ágapes de seres maléficos (*në wãri pë*) que eles se esforçavam em identificar interrogando-a com jovial curiosidade. Enquanto isso, grupos loquazes de jovens yanomami se agitavam, cativados pelo charme da visitante, propondo a seu olhar, alternadamente, como numa grande caçada imaginária, as centenas de imagens de pássaros e outros animais da floresta que eles tinham decidido desenhar para ela.[16] Lembro-me ainda de noites passadas em perambulações alegres na floresta com jovens caçadores maliciosos acompanhando Stephen Vitiello, que gravava a entrada em cena, musical, dos animais da floresta do crepúsculo ao amanhecer — captura contínua da imagem noturna de uma "paisagem sonora" cuja composição nossos guias nos decifravam e cujos atores descreviam, um após outro, com extraordinária precisão.[17] Também conservo lembranças não menos alegres de nossas incursões acrobáticas com Wolfgang Staehle para instalar suas câmeras no alto das grandes pedras da Montanha do Vento que ficam acima da casa de *Watoriki*, morada dos espíritos xamânicos, como se ele tentasse emular no modo digital de um espaço-tempo icônico hiper-real[18] o olhar imagético excêntrico dos não humanos — a "observação forte" dos espíritos *xapiri pë* — sobre a casa coletiva dos humanos situados mais abaixo.[19]

Todavia, permanecem gravados em minha memória com especial vivacidade, por sua exemplaridade do jogo de imagens entre nossos dois mundos, dois momentos de nossa experiência em *Watoriki*, um com Raymond Depardon e outro com Gary Hill.

Desde que chegou a *Watoriki*, Raymond Depardon provocou em L. Yanomami, o "grande homem" da aldeia e sogro de Davi Kopenawa, uma curiosidade especial. Sempre alegre e anfitrião de grande generosidade, L. costumava, contudo, mostrar-se muito

Desenhistas yanomami durante a preparação da exposição Yanomami. L'Esprit de la Forêt, Watorikɨ. *Fotografia de Bruce Albert, 2002.*

irônico, e até francamente debochado, com os brancos que em geral não levava muito a sério. A intensidade de seu interesse por Raymond Depardon e a amizade que lhe dedicou espontaneamente eram, portanto, bem pouco habituais. Rapidamente me dei conta de que ele o escolhera, em razão de sua idade e de sua gravidade respeitosa, como o interlocutor privilegiado de um pacto em torno das imagens que nossa equipe devia levar de *Watoriki*. Aliás, logo de início ele enunciou os termos desse pacto, de uma maneira que não podia ser mais clara:

> Não gostamos que os estrangeiros peguem nossas imagens para levá-las para longe, é verdade, pois quando morrermos elas não poderão ser queimadas![20] Porém, você que é como eu um grande ancião, nós o deixaremos levar essas imagens da floresta e dos nossos que se tornam espíritos! Nós o faremos para que você as dê a conhecer aos seus e às outras gentes de longe, pois queremos que nos ajudem a defender nossa floresta contra os brancos comedores de terra que, aqui, querem destruí-la![21]

Esse contrato moral e político entre os dois homens esteve na base da filmagem de *Caçadores e xamãs* e de sua divulgação.[22] Ele manifesta a vontade dos Yanomami de exercer o direito de controlar suas imagens, mas sobretudo de ser parte ativa na sua "exposição" em busca de um reconhecimento internacional que lhes permita contrabalançar uma relação de força local muito desfavorável diante dos garimpeiros e dos fazendeiros. Apesar da aparente fragilidade de tal estratégia,[23] o capital simbólico constituído por essas "imagens dadas" lhes oferece, ainda hoje, um certo peso político internacional na luta de longo fôlego que eles devem travar para a proteção de seu território.

Quanto a Gary Hill, obcecado por uma buliçosa e incansável curiosidade, ele percorria dia e noite, com uma pequena câmera de vídeo na mão, os lares da grande casa coletiva de *Watoriki*, discorrendo com seus moradores num idioleto improvisado e loquaz que os divertia enormemente. Também frequentava com assiduidade todas as sessões xamânicas que se realizavam ali, muito impaciente para se iniciar nos efeitos do *yãkoana a*, o poderoso psicotrópico cujo pó os xamãs yanomami sopram alegremente nas narinas uns dos outros com a ajuda de um longo tubo de canaflecha.

Por prudência, pedi a L., o mais antigo xamã de *Watoriki*, que se encarregasse daquele improvável noviço branco, e lhe solicitei discretamente que reduzisse ao mínimo a dose de *yãkoana a*. Ele me garantiu sua cumplicidade com um largo sorriso, logo desmentido pelo brilho jocoso de seu olhar. De fato, mal Gary se agachou para se juntar ao círculo dos xamãs, a fim de apresentar suas narinas na direção de seu iniciador, este lhe administrou com um sopro poderoso uma enorme dose de pó nos sínus. Sob o impacto desse tratamento de choque, Gary logo caiu para trás e ficou deitado de costas, inconsciente. Com absoluta indiferença pelas minhas manifestações de preocupação, os xamãs recomeçaram então com o maior entusiasmo sua sessão. Mas dessa vez a centraram no corpo estendido daquele forasteiro (*napë a*) que, havia pouco, filmava suas evoluções. Por meio de seus cantos e de suas coreografias cada vez mais intensas, fizeram então surgir em torno dele uma coorte guerreira de imagens dos ancestrais dos brancos (os *napënapëri pë*). Depois, o transe exuberante logo tomou a forma de uma intensa batalha daquelas entidades das origens contra os brancos atuais (os *napë pë*) para defender a "terra-floresta dos seres humanos" (*yanomae thë pë urihipë*), o território yanomami.[24]

Nessa ópera xamânica, Gary Hill — estrangeiro benevolente vindo dos confins do mundo — viu-se associado, como um tipo de *shifter* xamânico, aos ancestrais mitológicos dos brancos criados nas beiras do mundo pelo demiurgo *Omama a* a partir do sangue dos antigos Yanomami. De início objetos passivos das imagens de vídeo de um artista estrangeiro, os xamãs de Watoriki̵ tinham assim virado a situação e invertido o olhar da câmera ao capturar seu detentor, iniciante inesperado, no próprio fluxo de imagens mitológicas deles e em sua guerrilha cosmopolítica. Tal cena inédita de *video art* "xamanizado" oferecia desse modo uma versão inversa mas complementar do "pacto de imagens" em defesa da floresta selado com Raymond Depardon. Num caso, os Yanomami, apesar da reticência tradicional, entregavam-se em imagens ao cineasta para mobilizar a solidariedade dos brancos longínquos de quem ele era o eminente representante. No outro, era o videasta desmaiado, "tornado espectro", que servia de referência à mobilização das imagens dos forasteiros ancestrais do primeiro tempo num épico combate xamânico contra os brancos locais atuais "comedores de floresta" (*urihi wapo pë*). Nas duas situações, mas em quiasma, agiam assim, entre artistas e xamãs, o "mal-entendido produtivo" das imagens e o pacto de solidariedade política que estavam na origem da exposição.

Esse efeito cruzado, se marcou com intensidade os encontros de Watoriki̵, também se prolongou em Paris durante a visita de Davi Kopenawa para a abertura da exposição.[25] A fluência e a exatidão de seus comentários sobre as obras expostas em suas afinidades com seus próprios sonhos xamânicos (globos oculares gigantes de Tony Oursler, emaranhado de espelhos de Naoki Takizawa e enigmáticas *Insígnias animais* cintilantes de Vincent Beaurin) surpreenderam tanto que certos jornalistas se empenharam em entrevistá-lo mantendo-me ostensivamente à distância, pensando ingenuamente — e não sem preconceitos — em desmascarar o que eles supunham que só podia ser uma encenação. Mas essa vocação improvisada de crítico de arte jamais impedia Davi, sempre didático, de concluir suas conversas com os interlocutores, artistas, conservadores ou jornalistas, assinalando com exatidão a diferença, apesar de um ar de família, entre "pôr em imagem" e "tornar-se imagem", entre arte e cosmopolítica, entre a produção de nossas imagens artefatos e a convocação dos seres--imagens xamânicos: "Os artistas sonham quase como nós, xamãs, mas seus sonhos são outros. Eles se tornam como que peles de imagens só para se olhar. Nós fazemos dançar as imagens dos ancestrais animais do primeiro tempo para cuidar dos nossos e proteger a floresta".

Por fim, para concluir esse "retorno às imagens" dedicado à exposição Yanomami. L'Esprit de la Forêt, convém aqui sublinhar mais uma vez tanto seu caráter experimental como a perenidade da iniciativa. De fato, o trabalho de seus efeitos interculturais não só precedeu, conforme se viu, o momento de sua apresentação cenográfica propriamente dita, como prosseguiu bem mais além. Assim, a dinâmica criada por esse projeto continuou a se propagar desde 2002-3 tanto no Brasil como na França. Localmente, a estada dos artistas e o encontro das imagens se enraizaram no desenvolvimento do trabalho artístico de Joseca, cujos desenhos xamânicos, com os de Taniki, voltaram à Fundação Cartier para as exposições Histoires de Voir, em 2012, e depois, com os de Ehuana Yaira e Kalepi Sanöma, em 2019 e 2021, nas exposições Nous les Arbres (Paris e Xangai), e, em 2022, em Les Vivants (Lille).

Essa dinâmica estética e autoetnográfica também se prolongou por conta própria na forma de diferentes projetos realizados por jovens professores yanomami que editam hoje coletâneas de textos e desenhos sobre o xamanismo, como Xapiri thë ã oni,[26] ilustrado por Joseca e acompanhado por um CD (Xapiripru, "Tornar-se xamã") de cantos xamânicos de Davi Kopenawa, Levi e Taniki Yanomami, bem como por um DVD de Morzaniel Ɨramari (Urihi haromatima pë, "Os curandeiros da floresta"). Além disso, a Fundação Cartier apoiou, paralelamente à exposição, um projeto de pesquisa etnogeográfica realizado a partir de imagens de satélite que, desde então, foi seguido por várias iniciativas autô-

Sob o efeito do pó yãkoana a, *série "O invisível"*, Wakatha u. *Fotografia de Claudia Andujar, 1976.*

nomas de vigilância territorial organizadas pela associação yanomami Hutukara e o Instituto Socioambiental.[27]

Raymond Depardon voltou a visitar os Yanomami para um novo filme, *Donner la parole*, realizado com Claudine Nougaret no quadro da exposição Terre Natale. Ailleurs Commence Ici (2008), cujo catálogo, numa nova série de fotografias, ecoa numa intimidade generosa e nostálgica a exposição de 2003 e o encontro do fotógrafo com L., o "grande homem" de *Watoriki*.[28] Um capítulo do catálogo da exposição Yanomami. L'Esprit de la Fôret tornou-se um livro coescrito por Davi Kopenawa e por mim: *A queda do céu. Palavras de um xamã yanomami*. Esse livro nos levou, mais tarde, a participar juntos da concepção de uma ópera multimídia: *Amazonas: Music Theatre in Three Parts*, cujo segundo ato, "A queda do céu", é em grande parte inspirado na cosmologia e na concepção das imagens xamânicas yanomami.[29] Um filme experimental — *Xapiri* — se seguiu, rodado durante dois grandes encontros de xamãs organizados em *Watoriki* em março de 2011 e em abril de 2012 por iniciativa de Davi Kopenawa e da associação Hutukara.[30] Depois, a reflexão sobre o sonho e o pensamento em imagens (matemáticas, desta vez) prosseguiu em Paris num diálogo tão inesperado quanto fértil com o matemático Cédric Villani e o astrofísico Michel Cassé no quadro da exposição Mathématiques, un Dépaysement Soudain (2011).[31]

Até hoje, uma rede de projetos e experimentos cruzados continua a se desenvolver em torno das imagens xamânicas de *Watoriki*, com projetos de exposições, coletâneas de textos, filmes e obras plásticas produzidas por artistas, cineastas e letrados yanomami. Assim, o "espírito da floresta" continua a soprar há quase duas décadas, com constância e vigor, entre os xamãs yanomami e a Fundação Cartier, entre a casa de folhas de palmeira da Montanha do Vento e a casa de vidro do Boulevard Raspail em Paris.

5. Nossas imagens

Davi Kopenawa

As imagens que mostramos para vocês são o rastro da mão dos Yanomami. Elas foram desenhadas em nossas casas, em nossa floresta. Os brancos as pediram para que sejam vistas em suas cidades. Mas nós não as enviamos para tão longe sem motivo. Nós o fizemos para que eles, por sua vez, pensem direito e digam: "*Haixopë!* Então é assim que se deixa ver a beleza da floresta dos Yanomami!". No entanto, mesmo de longe, ainda mantemos o nosso cuidado com essas imagens.

Kami yama kɨ utupa pë

Hwei thëpë utupa pë ka kii yanomae thë pë õno. Kama thë pë yanopëha, kami yama kɨ urihipëha, hwei thë pë utupa pë thamahe. Napë pënɨ thë pë thamãɨ pihima yarohe, kama pë *cidade* pëhamë thë pë riã ha taamahenë. Hwei utupa yama pë praha ximãɨ pɨonimi. Kami yama kɨnɨ napë yama pë pihi xaaipramãɨ nomɨhɨo pihio yaro. "Haixopë! Ɨnaha yanomae thë pë urihipë taamu totihi kuonoa!" napë pë pihi kupë. Ɨhɨ maki praharanë hwei utupa yama pë thapou xoa.

Ornamento dos espíritos xamânicos xapiri pë. *Desenho de Davi Kopenawa, sem data.*

6. Taniki, xamã desenhista

Bruce Albert

Taniki é um xamã yanomami da região do alto rio Catrimani, no oeste do estado de Roraima. Encontrei-o pela primeira vez na região do *Kaxipi u* (o rio Jundiá, afluente do Catrimani) em 1975. Vindo de um grupo do lado da nascente, ainda muito isolado (*Manihipi*), ele tinha apenas trinta anos e acabava de se casar na aldeia onde naquele ano passei longa temporada (*Makuta sihipi*). Era um homem esguio e elétrico, de grandes olhos alegres, sempre um pouco irônicos. Apesar de sua jovialidade amistosa, nunca teve paciência para se submeter às minhas entrevistas etnográficas, que deviam lhe parecer tão absurdas quanto tediosas. Entretanto, um dia, provavelmente não tendo nada melhor a fazer, ele se deteve por muito tempo diante de mim, com a cabeça inclinada para o lado, os cabelos desgrenhados, numa pose de pássaro zombador. Então me encarou com um largo sorriso, tão perplexo quanto provocador, e depois, de súbito, quebrou o silêncio com uma gargalhada estridente. Reflexo de escriba desorientado, logo lhe dei uma caneta preta e algumas folhas arrancadas de meu caderno. Aceitou-as e voltou em silêncio para sua rede, onde se empenhou em cobrir pacientemente o papel com linhas onduladas imitando minha caligrafia. Essa cena, clássica, se repetiu várias vezes durante meses e... as coisas pararam por aí, até o fim da minha estada, em meados de 1976.

Para a minha segunda temporada no rio *Kaxipi u*, dois anos depois, numa nova casa chamada *Hewë nahipi*, melhor equipado e curioso para ir mais longe, eu tinha levado canetas hidrográficas, pastéis e blocos de papel Canson. Taniki logo demonstrou interesse e uma grande liberdade de invenção no uso desse material. Isso não me surpreendeu. Além da curiosidade que ele tinha manifestado pela escrita, eu sabia que Claudia Andujar lhe sugerira, um ano antes, realizar várias séries de desenhos sobre episódios mitológicos ou rituais.[1] Como na minha visita anterior, depois de equipá-lo deixei Taniki inteiramente livre para desenhar o que quisesse. Às vezes ele se instalava perto de mim e, enquanto eu me esforçava para passar a limpo minhas notas, enchia de motivos coloridos, com uma agilidade aplicada, as folhas de papel em branco que eu lhe dera.

Taniki tinha menos tempo para dedicar ao desenho quando estávamos na casa dele, no *Kaxipi u*, ocupado que estava com os trabalhos exigidos por seu sogro. Em compensação, quando ia visitar a comunidade aliada próxima da missão católica do rio Catrimani, a jusante, passava horas desenhando a meu lado num pequeno depósito colocado à minha disposição pelos missionários. Então enchia folha após folha, absorto num silêncio concentrado, sem interrupção, horas a fio. Acontecia-lhe continuar sozinho, tarde da noite, à luz de vela, muito tempo depois que, derrubado pelo sono, eu abandonava nossa mesa de trabalho para me jogar na minha rede na casa coletiva de nossos anfitriões, não muito longe da missão.

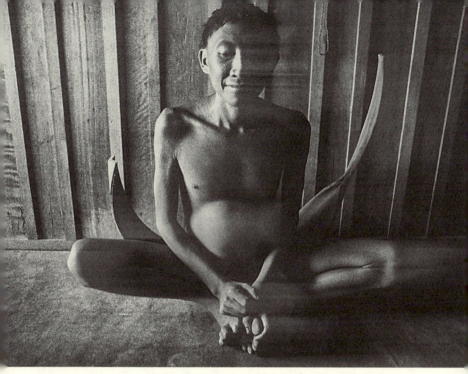

Retrato de Taniki, região do rio Catrimani. Fotografia de Claudia Andujar, 1974.

Os desenhos que Taniki fez nesse período muito ativo do fim dos anos 1970 mostram estilos de expressão bem diferentes. Vão de um esforço descritivo depurado, com canetas hidrográficas, ilustrado pela série de 1977 que evoca uma cerimônia funerária a pedido de Claudia Andujar,[2] a um conjunto de pastéis saturados de emaranhados "pollockianos" de pontos, ocelos, sinusoides, faixas e superfícies de cores vibrantes nos desenhos realizados a meu lado em 1978-9. As "estenografias"[3] xamânicas espontâneas apresentadas na exposição Histoires de Voir parecem constituir uma síntese dessas duas tendências, ou melhor, um gênero intermediário, misturando presença de motivos abstratos coloridos de densidade variável e, sobretudo, uma multiplicidade, ordenada ou mais fragmentada, de elementos figurativos esquemáticos (profusão de silhuetas de entidades xamânicas, indicação de estratos, de caminhos ou de espaços cosmológicos e, às vezes, casas, cobras e árvores).[4]

Como compreender o processo criativo do autor dessas obras? Para ele, tais desenhos não têm a ver com categorias como "arte" ou mesmo "desenho" (enquanto expressão gráfica de uma representação mental), invenções tardias do Ocidente moderno. Ainda assim, será que ele vê aí imagens no sentido em que nossa tradição entende, de imagem-objeto como *simulacrum*? São essas imagens para ele, como para nós, imagens de papel? Também aqui, nada é mais incerto.

A noção de "ser (com valor de) imagem" (*në utupë*) constitui, conforme dissemos, o centro de gravidade conceitual da ontologia e da cosmologia yanomami. Ela define tanto a essência vital/a imagem corporal, que constitui o núcleo de todo ente, como o modo de ser dos ancestrais mitológicos (*yarori pë*) aos quais dá acesso o "ver" do sonho e do transe xamânico. Porém, nenhuma dessas "imagens" era jamais transposta para um suporte material enquanto representação figurada. Os Yanomami, claro, usam pinturas corporais, que remetem aos ornamentos dos ancestrais *yarori pë*, indistintamente humanos e animais. Entretanto, o repertório gráfico desses quase vinte motivos — que podem figurar em diversas combinações — não tem nada a ver, na língua yanomami, com o conceito de "imagem" (*utupë a*).[5] Tais elementos gráficos são designados como "rastros", "pegadas", ou talvez melhor, "marcas" (*õno ki*).[6] Todos os termos que os denotam terminam com o mesmo sufixo -*no* que atesta essa referência; assim, por exemplo, *turumano* (grandes pontos), *xoketano* (círculos abertos), *rohahano* (ocelos), *yaputano* (faixas), *xerinano* (linhas verticais) etc.

Nossa escrita, considerada a princípio patogênica,[7] viu-se rapidamente associada a esse conjunto de motivos tradicionalmente

Visão xamânica. Desenho de Taniki, 1978.

desenhados na pele (*pei si*) durante as festas ou as sessões xamânicas. Suas inscrições cursivas foram, assim, vistas pelos Yanomami como um interminável traçado de linhas onduladas *yãkano* ou como a repetição incansável de travessões *onimano* (*onioni kɨkɨ*), mas, desta vez, em "peles de papel" (*papeo si kɨ*) ou "peles de imagens" (*utupa si kɨ*).[8] Como o enigma do funcionamento e do uso obsessivo dessas linhas manuscritas foi pouco a pouco esclarecido, elas foram vistas, em seguida, como uma forma de desenho sonoro ou de desenho falante — *thë ã oni*, um "traçado (pontilhado) de palavras".

Os desenhos de Taniki, recolhidos num período de contato ainda muito recente, podem ser, sem dúvida, compreendidos num contexto de hibridação entre os conceitos yanomami de "rastros" e "imagens". Eles são, em primeiro lugar, o resultado de um esforço de derivação do repertório das pinturas corporais tradicionais e de sua transposição para uma "pele de papel", *papeo si* (singular), já que aqui a página em branco faz as vezes de "pele cinzenta" (*si krokehe*), a de um corpo desprovido de ornamento. Por outro lado, trata-se de "rastros" reinventados a serviço de uma nova função: a tradução — ou melhor, a transdução — gráfica de um universo cosmológico outrora unicamente acessível como "imagens", *utupa pë* (plural) do transe xamânico ou, indiretamente acessíveis, para as "pessoas comuns", por intermédio do corpo dos xamãs (coreografias e cantos). Portanto, trata-se de "rastros" inéditos produzidos com um objetivo paradoxal: "fazer ver/conhecer" ao não Yanomami (e aos Yanomami não xamãs) as "imagens" de um invisível que não pode ser representado mas apenas percebido e presentificado pelos "homens-espíritos" que são os xamãs (*xapiri thë pë*). Por fim, embora não formem, claro, uma escrita, esses elementos pictóricos, que estilizam lugares e seres da cosmologia yanomami, constituem "imagens-rastros" que, tornando-os presentes,

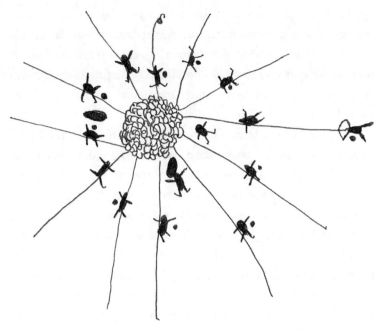

Caminhos dos espíritos xapiri pë. *Desenho de Taniki, 1977.*

falam deles. Prolongamentos gráficos das linhas narrativas retraçando a saga das entidades que o xamã desenhista tem por vocação fazer "descer" e "dançar" sob o efeito do pó psicotrópico *yãkoana a*, são espécies de "mitogramas" experimentais, ao mesmo tempo individuais e para uso externo.[9]

O grau zero do que designamos como "desenho yanomami" constitui o que seus próprios autores designam como "marcas dos dedos/da mão" (*imi kɨ õno*): o traçado de uma espécie de efervescência aleatória de linhas tortas que costuma caracterizar os primeiríssimos usos do lápis no papel e remete à simples excitação motora antes de qualquer tentativa de representação.[10] Esses "rastros" manuscritos transitam depois, como acabamos de ver, pela derivação do repertório das pinturas corporais — referência cultural literalmente "ao alcance da mão" —, convergindo em seguida para formar composições/"imagens" que funcionam como retransmissores gráficos de uma (sur)realidade que não pode ser vista diretamente (ao menos pelas "pessoas comuns").

Produzidos na tensão desse esforço de inovação pictórica, não surpreende que os parâmetros estilísticos dos desenhos desafiem a tal ponto nossas convenções perceptivas, simultaneamente por sua disposição e sua orientação, como observou argutamente Abraham Zemsz em texto de 1974[11] sobre um conjunto de desenhos tchikão (ikpeng), piaroa e yanomami (entre eles, uma coleção formada por Jacques Lizot junto aos Yanomami da Venezuela, provavelmente a partir de 1968). Assim, como o dos desenhos de Taniki, o espaço simbólico construído com caneta hidrográfica nas folhas de papel por esses desenhistas indígenas é sempre espontaneamente "policêntrico".[12] Cada grupo de figuras ou, às vezes, cada elemento de uma figura pode ser desenhado passo a passo de um ponto de vista diferente ou oposto (alto, baixo, perfil, frente), durante um trajeto gráfico da mão sobre a extensão abstrata da página, sem preocupação com uma ordem de direção dominante ou com um sistema de proporção único. Assim, talvez não seja absurdo ver, nessa construção progressiva e contextual do espaço projetivo e sua multiplicação não euclidiana dos pontos de vista, uma espécie de eco pictórico da ontologia multiperspectiva que caracteriza os mundos xamânicos indígenas.[13]

Taniki tem hoje mais de 75 anos e vive com a esposa, Konaïma, numa nova casa coletiva, *Nãra uhi*, à beira do rio Arapari, um afluente da margem esquerda do rio Catrimani, junto com seus cinco filhos e numerosos netos. Já não gosta de se afastar dali, pois as longas marchas pela floresta tornaram-se penosas. Mas não hesita em ir à cabeceira de pacientes de comunidades vizinhas quando são solicitadas as suas competências xamânicas, tidas em alta conta em toda a região. Ainda lhe acontece, de vez em quando, tentar fazer aparecer o mundo dos *xapiri pë* em "peles de papel".

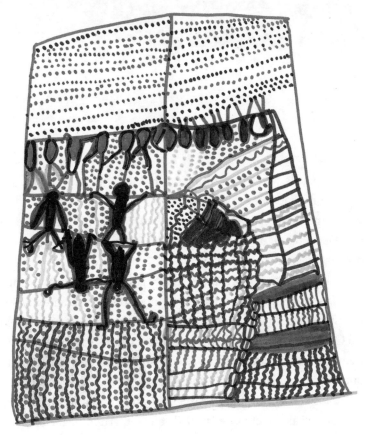

Caminhos dos espíritos xapiri pë. *Desenho de Taniki, 1977.*

7. Joseca, artista yanomami

Bruce Albert

O pai de Joseca era um "grande homem" (*pata thë*) e um xamã renomado que viveu, nos anos 1970, no alto do rio Catrimani antes de se estabelecer a jusante no rio Mapulaú (afluente do alto Demini, estado do Amazonas). Nessa época, duas epidemias dizimaram seu grupo (em 1973 e 1977) depois que um trecho da rodovia Perimetral Norte atravessou o sul das terras yanomami.[1]

Joseca, o caçula de seus quatro filhos de dois casamentos sucessivos, nasceu no rio Lobo d'Almada (*Uxi u*), afluente do alto do rio Catrimani, longe de qualquer contato com os brancos, provavelmente em 1971. Sua mãe morreu durante a epidemia de sarampo que afetou a região em 1977. Ele tinha apenas cinco ou seis anos.

Nosso encontro data de 1985, durante minha primeira temporada na casa coletiva de *Watoriki* que seu grupo estabelecera na região da Montanha do Vento (serra do Demini). Ele tinha então catorze anos. Era um adolescente introvertido e quase taciturno, cuja reserva contrastava profundamente com as travessuras alegres dos outros jovens yanomami. Seu pai, viúvo, se unira a outra mulher, mais nova, que lhe deu dois filhos. Morreu de causa ignorada,

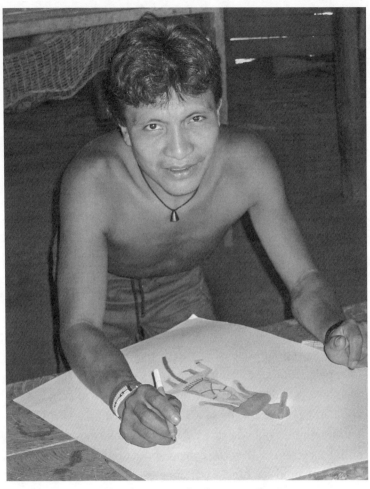

Retrato de Joseca, Watorikɨ. *Fotografia de Bruce Albert, 2002.*

no fim de 1987, depois de sua transferência precipitada para um hospital da cidade de Boa Vista (Roraima).

Joseca, bastante afetado com mais essa morte e agora órfão de pai e mãe, entrou em profunda "raiva de luto" (*hixio*) e por vários anos foi um adolescente rebelde. Acabou fugindo de sua comunidade para seguir, a pé, por mais de duzentos quilômetros, o antigo traçado da rodovia Perimetral Norte até a vila de Caracaraí, no sul do estado de Roraima, na margem direita do rio Branco. Depois chegou, ninguém sabe bem como, até Boa Vista. A partir daí correram soltos os rumores sobre suas tribulações entre os brancos, a propósito das quais ele mesmo continua até hoje muito discreto. Seja como for, por quase dois anos não foi mais visto em sua aldeia.

Quando visitei de novo sua comunidade, em 1993, Joseca tinha enfim voltado para casa, mais sossegado. Descobri com surpresa que ele acabava de organizar, sozinho, no posto da Funai bem perto dali, uma escola de verdade, na qual convencera todas as crianças a irem aprender a escrever, como ele mesmo começara a fazer durante o seu périplo longe da floresta. Joseca tornou-se assim o primeiro letrado e o primeiro professor yanomami de seu grupo. Casou-se em 1996, e o mais velho dos seus filhos nasceu pouco depois. Participou então, ao meu lado, da produção de uma extensa lista de manuais bilíngues (yanomami-português) para diferentes programas de educação escolar e sanitária implementados pela Comissão Pró-Yanomami (CCPY).[2] Em seguida, no início dos anos 2000, tornou-se um dos primeiros microscopistas yanomami e um agente de saúde tarimbado da ONG Urihi Saúde Yanomami, derivada da CCPY. Hoje tem uns cinquenta anos e continua a viver em *Watoriki* com a esposa e os cinco filhos, ainda desempenhando sua função paramédica.

Nada anunciava, pelo menos ao olhar externo, as preocupações plásticas de Joseca, pouco dado a confidências, até, no final dos anos 1990, começar de repente a esculpir, em suas horas vagas, notáveis bichos de madeira estilizados, com uma predileção pelos tatus e antas. Na realidade, seu interesse pelo desenho tinha origens em sua infância, como ele acabou revelando recentemente:

Minha mente se abriu ao desenho desde quando era ainda pequeno. Eu ia caçar de brincadeira na floresta e acabava desenhando nas árvores ou na terra depois de tirar as folhas mortas. Desenhava em folhas de árvore usando a ponta de espinhos. Naquele tempo desenhava também o tronco das árvores com carvão. À medida que fui crescendo eu continuava sempre desenhando até que tomei consciência do que fazia. Eu me perguntava então: "Como vou fazer para desenhar as coisas que eu estou vendo?". Tomei gosto e continuei desenhando desse jeito e crescendo e abrindo minha mente, brincando. Foi assim que aprendi a desenhar. Eu não descobri o desenho de uma só vez, não, não foi assim. Foi aos poucos. Eu sou um yanomami, por isso minha mente se abriu ao desenho na floresta pouco a pouco. Não foi na cidade. Ninguém me ensinou. Foi a floresta que me ensinou a desenhar. Foi no meio da floresta, brincando, que minha mente se abriu realmente ao desenho. Foi assim que comecei a desenhar e é por isso que continuo até hoje.[3]

Depois de sua série de bichos de madeira, Joseca passou a desenhar com interesse cada vez maior. Visitando *Watoriki* praticamente todo ano, às vezes em diversas ocasiões, eu o encorajava a cada viagem, fornecendo-lhe material de desenho. Em 2003, a exposição Yanomami. L'Esprit de la Fôret, da Fundação Cartier, lhe deu a oportunidade de publicar várias obras suas, de ser convidado para ir a Paris e de descobrir, com muita curiosidade, o que os brancos chamam de "arte contemporânea".[4]

Desde então, Joseca continua sua trajetória artística, desenhando com empenho uma longa série de cenas cosmológicas e xamânicas, sempre que os cuidados que presta à sua comunidade lhe deixam tempo. Costuma assinar, desde 2003, as cartas que me envia de vez em quando, assim como muitos de seus desenhos: "*Joseca artista yanomami*" (ou "*Joseca arte yanomami*"). Suas obras foram novamente expostas na Fundação Cartier, em Paris, em 2012

Õkarimari a, *o espírito anaconda e seus genros. Desenhos de Joseca, 2002.*

(exposição Histoires de Voir) e em 2019 (Nous les Arbres), e depois em 2021, em Xangai, na Power Station of Art (Trees). Em seguida, foram exibidas em Lille, na França, no Tripostal, na exposição Les Vivants, também organizada pela Fundação Cartier, em 2022, e na Wellcome Foundation, em Londres. Participou, além disso, nos últimos anos, de várias exposições no Brasil, no Instituto Tomie Ohtake, em 2014, na Universidade Federal de Minas Gerais (UFMG), em 2020, no Museu de Arte Moderna (MAM) em São Paulo, em 2021, e no Museu de Arte de São Paulo (Masp), em 2022. Por fim, ilustrou, desde 2014, muitos livros didáticos ou autoetnográficos publicados pela associação yanomami Hutukara.

Os desenhos de Joseca mostram com minúcias entidades, lugares e episódios evocados pelos cantos dos grandes xamãs de

Combate xamânico contra o espírito da onça negra. Desenho de Joseca, 2004.

sua comunidade que ele tem o hábito de escutar com muita atenção desde a infância. Como ele mesmo conta:

> Eu não faço meus desenhos sem motivo. Me inspiro nas palavras que ouço dos xamãs, daqueles que têm os mais belos cantos, daqueles que sabem realmente fazer ouvir as palavras dos espíritos *xapiri pë*. Quando fazem suas sessões xamânicas eu escuto seus cantos e gravo na minha mente todas essas palavras que depois transformo em desenhos. Eu desenho então tudo o que descrevem os xamãs, os espíritos, seus ornamentos, seus caminhos, os lugares por onde descem... É assim. Eu desenho as palavras dos espíritos que escuto em nossa casa.[5]

Primeiro, Joseca esboça seus desenhos a lápis, com muito cuidado, depois repassa os traços e os realça com cores vivas, usando caneta hidrográfica. Não sendo ele mesmo um "homem-espírito" (*xapiri thë*), como Taniki, esforça-se em ilustrar, com olhar e preocupações quase documentárias de letrado yanomami, "imagens" oriundas das palavras dos grandes xamãs — "sonhadores de elite" —[6] que tiveram, eles, acesso direto ao mundo dos espíritos através da inalação do pó psicotrópico da resina da árvore *yãkoana hi* (*Virola* sp.). Os olhos e as mãos de Joseca passaram pelo processo de alfabetização e pelo convívio com as "peles de imagens" dos brancos (jornais, revistas, histórias em quadrinhos e livros escolares) que, como as epidemias e as mercadorias, se propagaram pela floresta desde os anos 1970.

O modo de criar os personagens humanos e não humanos, os objetos e as paisagens que povoam seus desenhos deixa, de fato, transparecer a influência de um realismo figurativo saído das estilizações gráficas promovidas pela iconografia escolar ou pelas revistas ilustradas. Desse modo, a linha reta da geometria plana, "ícone virtual de (nossa) modernidade",[7] fez um caminho sub-reptício no trabalho dele. Suas composições manifestam certa preocupação — ausente nas de Taniki — com orientação vertical e com unidade perspectiva comuns das figuras, mas também um gosto pelos alinhamentos, planos, proporções, quadros e motivos iterativos. Já não são imagens "avant la lettre".[8] A linearidade gráfica da escrita, cujo aprendizado Joseca integrou, condiciona a seleção e a configuração das cenas que ele ilustra.[9] São *snapshots* xamânicos e mitológicos surgidos da trama narrativa de uma memória oral que ele se esforça em tornar visível (os títulos de muitos desenhos levam a menção *thëã*, "palavras sobre"). São desenhos mais "seculares" que os de Taniki na medida em que transpõem e "represen-

Ɨramari a, *o espírito onça guardião da casa dos espíritos* xapiri pë. Desenho de Joseca, 2002.

tam" numa "pele de papel" um invisível relatado (e escrito), mais do que se empenham em pô-lo em presença de quem olha. São assinados e muitas vezes acompanhados, no verso da folha, de curtos textos em língua yanomami, que explicam com exatidão os episódios xamânicos ou mitológicos evocados. Algumas dessas composições são, às vezes, até organizadas como verdadeiras "histórias em quadrinhos" (sucessão de cenas nas páginas numeradas e textos dispostos abaixo das imagens).[10]

No entanto, Joseca esforça-se sempre em manter um critério tradicional fundamental em seu dispositivo de representação do mundo dos *xapiri pë*: a dupla perspectiva opondo o olhar dos xamãs ao dos humanos comuns. Assim, os *xapiri pë* podem ser figurados em seus desenhos tanto sob uma aparência humanoide (vista pelos primeiros) como sob uma aparência animal (percebida pelos segundos). Essa comutação de perspectiva pode efetivar-se de um desenho para o outro, ou entre personagens de um mesmo desenho.[11] Assim, convém não se equivocar com as inovações estilísticas de Joseca, que não seria possível reduzir a uma simples "ocidentalização" pictórica. Joseca escolheu transpor o "ver/saber"[12] dos antigos xamãs yanomami a partir de uma ótica em parte adaptada ao olhar dos brancos, é verdade. Mas nem por isso sua inspiração é menos profundamente fiel à cosmologia que ele se empenha em representar para torná-la acessível a quem não pode ter dela uma experiência direta. Aplicado nessa vontade de fazer (re)conhecer a tradição de seus antepassados, é sempre a serviço de sua transmissão que ele procura apropriar-se das convenções plásticas ocidentais, com as quais se deparou durante sua odisseia citadina, utilizando-as apenas em qualidade de *língua franca* visual.

8. Sonhar longe

Davi Kopenawa

OS CAMINHOS DOS *XAPIRI PË*[1]

Os espíritos *xapiri pë* vivem no alto das montanhas. Alguns vivem dentro delas. Há *xapiri pë* por todo lado na floresta. Outros moram no céu. Outros, ainda, vivem debaixo da terra. São muito numerosos, por isso é que seus caminhos se ramificam em todas as direções. Eles brilham com intensidade e são cobertos por plúmulas de um branco ofuscante. São tão tênues quanto os fios das teias das grandes aranhas *warea koxi pë*.[2]

Xapiri pë mae

Xapiri maama pë heakahamɨ pë pɨrɨa. Maama kɨ uuxiha ai pë kae titia. Urihi anë kutaopënëha pë pɨrɨhi. Hutumosihamɨ ai pë kae kua. Hwei maxita pëhëthëhamɨ ai pë kae pɨrɨa. Xapiri pë waroho mahi yaro pë mae piyëkë. Pë mae wakaraxi, pë mae horomae. Wareakoxi pë ka kurenaha pë mae kua.

* * *

Os espíritos *xapiri pë* dançam para seus pais, os xamãs, desde o primeiro tempo e continuam até agora. Parecem humanos, mas são tão minúsculos quanto grãos de poeira cintilantes. Para vê-los, é preciso "beber"[3] o pó da árvore *yãkoana hi*[4] muitas e muitas vezes. Leva tanto tempo quanto levam os brancos para aprender a desenhar o som de suas palavras. O pó *yãkoana a* é o alimento dos *xapiri pë*. Quem não o "bebe" fica com olhos de fantasma e não pode ver nada.

Os espíritos dançam todos juntos em cima de grandes espelhos que descem dos céus. Nunca ficam "cinzentos" como os humanos.[5] São sempre realmente magníficos, com o corpo pintado de urucum vermelho e percorrido por linhas de desenhos pretos, os cabelos cobertos de penugem imaculada de urubu-rei,[6] suas pesadas braçadeiras de miçangas repletas de penas de papagaios amazonas, de cujubins e de araras-vermelhas,[7] sua cintura amarrada por uma cordinha de algodão na qual está pendurada uma multidão de caudas de tucanos.[8] Milhares deles chegam até nós dançando, agitando folhas de palmeira novas, que eles abanam em todas as direções, soltando gritos de alegria e cantando a plenos pulmões, sem parar. Seus caminhos parecem fios de aranhas brilhantes como o esplendor da lua e seus enfeites de penas se balançam lentamente, ao ritmo de seus passos. É uma alegria vê-los tão bonitos!

Eles são tão numerosos porque são as imagens dos habitantes da floresta. Todo morador da floresta tem uma imagem *utupë a*: os que andam no chão, os que trepam nas árvores e os que voam e os que vivem nas águas. Mas também as árvores, as águas e até as pedras. São essas imagens que os xamãs fazem descer como espíritos *xapiri pë*. Elas são o verdadeiro centro, o verdadeiro interior dos entes da floresta. As pessoas comuns não podem vê-las, só as pessoas-espíritos que são os xamãs. Mas não são imagens dos ani-

Dormindo na rede, série "Identidade", Wakatha u. Fotografia de Claudia Andujar, 1976.

mais que conhecemos agora. São imagens dos pais desses animais, são imagens de nossos ancestrais animais, os *yarori pë*.

No primeiro tempo, quando a floresta ainda era jovem, nossos antepassados eram humanos que usavam nomes de animais e todos acabaram virando caça. São eles que nós flechamos e comemos hoje. Mas suas imagens daquele tempo dançam para nós agora, como espíritos *xapiri pë*. Esses antepassados são verdadeiros antigos. Viraram caça há muito tempo, mas seus fantasmas permanecem aqui entre nós. Têm nomes de animais, mas são seres invisíveis e nunca morrem. Nem a fumaça de epidemia dos brancos é capaz de queimá-los e devorá-los, eles jamais desaparecerão. Seus espelhos sempre brotam de novo.

Os brancos desenham as linhas de suas palavras porque seu pensamento é cheio de esquecimento. Nós guardamos as palavras de nossos antigos dentro de nós, há muito tempo, e continuamos a passá-las sucessivamente aos que vêm depois de nós. Nossos filhos, que não conhecem nada dos *xapiri pë*, escutam os cantos dos xamãs e assim acabam querendo, por sua vez, ver os espíritos. É por isso que, embora sejam muito antigas, as palavras dos espíritos sempre ficam novas. São elas que fazem crescer nossos pensamentos. São elas que nos fazem ver e conhecer as coisas das terras longínquas, as coisas dos antigos. São nossos estudos, é o que nos ensina a sonhar as coisas da terra-floresta. Por isso é que quem não "bebe" o sopro dos *xapiri pë* só pode ter um pensamento curto e enfumaçado. Quem não é olhado pelos espíritos não pode sonhar longe. Ele só pode dormir como um ferro de machado no chão de sua casa.

9. Além dos olhos
O matemático e o xamã

Encontro de Bruce Albert, Michel Cassé[1] e Cédric Villani[2]
A propósito de uma conversa com Davi Kopenawa

Entre o especialista que atinge pelo cálculo uma realidade inimaginável e o público ávido de captar algo dessa realidade cuja evidência matemática desmente todos os dados da intuição sensível, o pensamento mítico volta a ser um intercessor, único meio para os físicos se comunicarem com os não físicos.

Claude Lévi-Strauss[3]

MICHEL CASSÉ: Raspail Vert.[4] Esse verde era de bom augúrio, mas certamente não era a floresta aqui neste cruzamento, embora o cemitério (Montparnasse) não estivesse longe. O que melhor do que um terraço de café para vencer a incompreensão? Um xamã da comunidade yanomami, Davi Kopenawa, e um matemático futuro agraciado com a medalha Fields,[5] Cédric Villani, se encontraram primeiro no Café Le Gymnase, e depois no Raspail Vert, por instigação de Hervé Chandès, que concebeu as exposições Terre Natale. Ailleurs Commence Ici e Mathématiques, un Dépaysement Soudain. E o café se tornou, por um tempo, uma casa-aldeia em plena capital francesa. Eles se falaram olhando-se nos olhos e as paralelas começaram a convergir no espaço curvo. Bruce Albert, antropólogo, se encarregou da translação.

BRUCE ALBERT: Eu traçaria um primeiro fio para nosso diálogo matemático-xamânico retomando a intensa curiosidade de Davi Kopenawa diante do virtuosismo impetuoso de Cédric Villani em "fazer descer" as imagens de equações na tela de seu computador. Por muito tempo calado e sonhador, ele o interrogou de repente, à queima-roupa: "Você sonha muito? De que são feitos os seus sonhos?". Perguntas desconcertantes às quais Cédric Villani respondeu sem rodeios com uma leitura de "notas de sonhos" logo trazidas da memória de seu laptop como subtítulos defasados das imagens matemáticas que ele acabava de apresentar. Esse momento de improvável sintonia transcultural me impressionou muito.

Pode-se facilmente considerar que nossos registros de explicação da ordem invisível do mundo e aqueles a que se referem os Yanomami são incomensuráveis (embora também se possa, o que é mais arriscado, tirar de suas refrações cruzadas insuspeitas fulgurações filosóficas e poéticas). Porém, devemos reconhecer que idêntica necessidade parece impor, em qualquer mundo humano possível, a esses relatos do invisível que eles sejam objeto de simbolizações complexas (narrativas, plásticas ou gráficas), que estas sejam elaboradas por seres de exceção e que eles as produzam a partir de experiências subjetivas extremas. Não seria isso uma propriedade comum à invenção matemática ("ponta do mental", dizia Lacan) e ao xamanismo — tanto quanto a qualquer criação artística?

Nos dois casos, é a partir do aprendizado dos limites da linguagem e apoiando-se num novo conjunto de imagens do desconhecível que se cria, parece-me, um registro simbólico inédito para dar ordem e origem às contingências do mundo visível. E é verdadeiramente um aprendizado ultrarrigoroso! Conheço (um pouco) o dos xamãs yanomami e pressinto que o dos matemáticos é, exotismo à parte, feito da mesma cepa. Na verdade, trata-se de quebrar, à custa de disciplina muito severa e às vezes de grande sofrimento psíquico (Cantor, Gödel, Turing e Nash, por exemplo),[6] os limites da subjetividade a fim de liberar imagens mentais inéditas que uma hiperprodutividade simbólica inacessível ao comum dos mortais vem transcrever. Parece-me que foi a intuição profunda dessa proximidade cognitiva que Davi Kopenawa teve a partir do que entreviu do trabalho de Cédric Villani. Então, para resumir: o espírito das imagens-equações não chegam aos matemáticos assim como as imagens-espíritos chegam aos xamãs?

CÉDRIC VILLANI: O que faz estremecer os matemáticos, ou o que simplesmente os deixa em transe, não são as imagens ou os arranjos de sílabas, são as relações entre objetos matemáticos, as simetrias inesperadas, os laços invisíveis. Relações tão belas que imediatamente nos convencemos de sua realidade, impressionados por uma ofuscante evidência. O que é belo para um matemático? Ou para um cientista? Lord Kelvin[7] falava com deslumbramento do "grande poema matemático" de Fourier.[8] Um poema de conceitos, em que se representam geometricamente os sinais de todos os tipos, em que até mesmo o fogo é regido por equações, em que um universo de insondável complexidade se resume a algumas fórmulas buriladas. A concisão, a potência, o poder explicativo, fazem parte da beleza matemática.

As equações diferenciais parciais são poderosas, pois resumem num objeto compacto um mundo contínuo de complexidade assustadora, e elas se encontram em todos os aspectos do mundo. As equações diferenciais parciais, desde o primeiro dia do mundo até o fim do mundo... Mas para apreciar o grande poema de Fourier, para compreendê-lo em todos os detalhes, é preciso praticá-lo, obrigar-se a um treinamento implacável, como bem o sentia Bruce Albert. Enquanto o poeta não busca necessariamente compreender todos os aspectos de sua obra, ou da obra de seus colegas, o matemático, por sua vez, busca justamente compreendê-la nos mínimos detalhes, e isso não diminui a sensação de beleza que ele experimenta.

A clareza é uma virtude insubstituível da estética matemática. Por isso desconfiamos do verbo, que corre o risco de tornar escuro, e que é tão poderoso! Von Neumann[9] compreendeu muito bem a tirania do verbo. Quando Shannon[10] lhe falou do conceito de informação, ele lhe sugeriu a palavra "entropia", uma palavra feita para impressionar, uma palavra improvável para medir a improbabilidade, uma palavra mágica que provocaria o deslumbramento, uma palavra cruel que paralisaria os contestatários. O mundo é tão assustador! Costumam me perguntar se estou em busca da equação última. Respondo que ela não existe. O universo permanecerá incompreensível, para todo o sempre. Dele só compreendemos alguns fragmentos, e jamais poderemos apreendê-lo. Já não é um elefante explorado pelos cegos, é um baobá explorado pelos cupins (cegos, como deve ser). E é o poema último, é claro. Então, o matemático o lê sob o prisma matemático, constrói para si mesmo uma representação, inscreve o mundo na matemática e a matemática no mundo. Mas para contar esse mundo aos outros é preciso extrair-lhe histórias. Para captar a atenção, as histórias devem ser inesperadas e harmoniosas, suaves e cruéis. A figura do contador é certamente importante e universal. O contador pode ser científico ou xamânico, trata-se de uma questão de comunhão. "É nosso dever contarmo-nos histórias uns aos outros", dizia o grande contador Neil Gaiman.[11]

É preciso prestar atenção, porém, na imagem do "ser de exceção", para retomar a expressão de Bruce Albert, que dá a impressão de alguém que se coloca acima da massa e do mundo. De meu lado, ao contrário, sempre me coloco no meio do mundo: catalisador, sintetizador, antena-relé mais que emissor. E sempre atrás das matemáticas, que são bem maiores e maravilhosas do que o cérebro que as decifra.

MICHEL CASSÉ: Sonhador subvencionado pelo Estado, pago para imaginar e inalar a pequena fumaça quântica que faz ver duplo e às vezes múltiplo, pego minha carteira no partido onírico. Vocês não podem imaginar como para mim são preciosas essas pistas de sonho. Vou tomar um gole de nuvem antes de recolocar o sonho em cima da mesa.

BRUCE ALBERT: Sim, "ser de exceção" é uma expressão de conotações certamente infelizes... Trata-se, melhor dizendo, de um "dom de solidão", de acordo com a expressão de Alexandre Grothendieck.[12] O xamã yanomami é evidentemente um entre os seus, mas nem por isso deixa de ser, graças às suas aptidões e à sua iniciação, um captor cosmológico muito singular. Homem-espírito (*xapiri thë*), ele escruta sem trégua (sonho ou sessões) a dança dos seres-imagens do tempo das origens cujos movimentos enigmáticos agitam o universo das aparências entrevistas pelo resto dos humanos. É um corpo condutor de imagens de além--mundo cujas "palavras outras" ele sabe fazer os seus ouvir. Portanto é, de fato, um contador, mas um contador que não cessa de subverter a narração banal do visível por suas hipóteses cosmológicas (cantadas) e suas transformações ontológicas (dançadas). Aparentemente, pouco a ver com o surgimento do "poema conceitual" das equações. Mas a aventura do pensamento xamânico, que se esforça em cartografar o ainda não dito de universos possíveis por combinações de imagens, parece-me, ainda assim, fazer eco a certos aspectos da criatividade matemática.

Essa forma de pensamento visual do desconhecido — que eles chamam de "sonho", acordado ou não (Sir Michael Atiyah,[13] Alexandre Grothendieck), "imagens mentais" (Jacques Hadamard)[14] ou "vistas metafísicas" (André Weil) —[15] me parece igualmente colocada pelos matemáticos na origem de suas "iluminações" criativas. Henri Poincaré,[16] em sua conferência sobre "a invenção matemática", fala até mesmo de estados "semi-hipnagógicos" que, de súbito, deixam entrever "a beleza e a elegância" dos novos "seres matemáticos". Creio que o que impressionou a Davi Kopenawa em seu encontro com Cédric Villani, assim como os que ele teve com diferentes artistas na Fundação Cartier em 2003 para a exposição Yanomami. L'Esprit de la Forêt, foi essa confrontação com uma nova forma de conhecimento pela imagem, culturalmente muito diferente em seus conteúdos, claro, mas de uma intrigante proximidade em seu funcionamento com o modo de pensamento onírico do xamanismo (ele também, aliás, obcecado pela estética).

MICHEL CASSÉ: Sonho e mentira:[17] é preciso ser apaixonado ou religioso para ser um bom pesquisador, dizia Einstein. Inscrevo-me, como você, no campo apaixonado. Mas me pergunto se uma ponta de religiosidade não vem remexer o coração unitário (monoteísta?) da astrofísica: Terra = Céu (na Terra como no Céu…). O Céu, o grande Céu dos anjos, foi substituído por um universo de papel e equações. Invertendo a flecha do tempo, acreditamos ter voltado à origem. Tudo converge num ponto. Um ponto, mais nada! O tempo zero é um instante num tempo que ainda não existe. Quando o número de objetos tende a um, a linguagem tende a zero. Silêncio, portanto, sobre a origem, mas a questão não se extingue. Isso é um sonho de físico. Mas voltemos à matemática…

Urihi a, *visão xamânica da floresta*. Desenho de Davi Kopenawa, sem data.

BRUCE ALBERT: ... e à "dança das imagens", justamente. O "pensamento sem palavras" de que fala Roman Jakobson a respeito da reflexão visual de Einstein[18] me parece, portanto, ocupar realmente um lugar central na invenção das matemáticas, vindo antes dos ascéticos rigores da cartografia racional do desconhecido que em seguida são traçados pela caligrafia das equações e pela topografia dos diagramas.[19] Alexandre Grothendieck descreve assim todo o seu trabalho como uma espécie de viagem onírica: "Que fiz no meu passado de matemático, senão seguir, 'sonhar' até o fim, até sua manifestação mais manifesta, mais sólida, irrecusável, fragmentos de sonho soltando-se um a um de um pesado e denso tecido de brumas?". E essa busca de imagens-guias não se refere de jeito nenhum ao universo visível: "O que eu vejo não é visual", lembra Mikhaïl Gromov.[20] A visão de que se trata aqui é, como para os xamãs, a de um "olhar para dentro" (Jacques Hadamard), a de um "olhar revirado"[21] que vê e conhece mais além dos olhos. Como costuma afirmar Davi Kopenawa, os olhos devem aprender a morrer para sonhar a terra, para sonhar o mundo. Então, talvez, finalmente, não será tão extravagante quanto parece pretender que "ninguém pode ser matemático se não tiver uma alma de xamã" — desviando um pouco a citação de Sophie Kowalevskaia evocada por Cédric Villani num prefácio recente...

CÉDRIC VILLANI: Retornamos ao poeta de quem o austero Lord Kelvin falava com exaltação. No que se refere a ver, há muitas maneiras de ver: primeiro o olhar interior, revirado, revertido, "voltado para o formigueiro de números que fervilham no cérebro devastado", conforme a expressão jocosa de um célebre escritor francês que não parecia ter muita simpatia pelos matemáticos. Esse olhar vê dentro, imagina e subverte nossos sentidos. Mas há também o olhar no sentido concreto, tangível, que examina fenômenos físicos, simulações numéricas ou outras representações visuais do mundo, para forjar sua intuição. E, depois, há o olhar do pesquisador teórico, que escruta fórmulas, que as examina sob todos os ângulos para encontrar seus pontos fracos, como um alpinista avaliando a montanha para encontrar sua via de acesso!

Se eu trabalho num problema de física das galáxias, vou olhar simulações numéricas, nuvens de pontos, tentar me forjar uma imagem mental desses bilhões de estrelas-átomos em interação. E vou também olhar no branco dos olhos o reflexo abstrato deles, magnífico e despojado, a equação de Vlasov-Poisson. Essa equação, vou enfrentá-la num combate singular, cercar-me de colaboradores se ela se revelar demasiado forte, vencê-la e torturá-la em todos os pormenores, e nela me vingar de minha incapacidade de desvendar diretamente o mistério.

MICHEL CASSÉ: A física matemática calculou seu sonho cósmico. "O universo", diz Valéry, "não é mais que um defeito na pureza do não ser." Infinito, inacabado, insuportável de rigor geométrico e de beleza extensível, sua semelhança com uma bolha de sabão me comove. Nosso universo observável, região esférica centrada no belo olho em que a luz vem nos acariciar depois de 13,7 bilhões de anos de voo, seria apenas paroquial, provincial. Seria uma bolha estampilhada "apta para a vida" entre miríades de bolhas ineptas. Uma mitologia/teologia do pluriverso está nascendo: haveria alteridade cósmica e "paralelismo dos mundos". Marche ou sonhe!

BRUCE ALBERT: Os Yanomami distinguem "as pessoas que somente existem" e que "sonham perto", por recomposição de lembranças cotidianas, e os "homens-espíritos" cujo "interior" pode ser levado pelos seres-imagens (*xapiri pë*) vindos da origem do mundo. É graças ao "valor de sonho" desses *xapiri pë* que os xamãs podem "sonhar longe" e são considerados "mestres sonhadores" (*maritima pë*). A prova extrema da iniciação e a intensidade renovada do trabalho xamânico colonizam seus sonhos a ponto de povoá-los unicamente de imagens vindas de seus transes diurnos. Sessões xamânicas e sonhos, direito e avesso em continuidade um com o outro, formam uma espécie de faixa de Möbius cognitiva que lhes dá acesso à ordem subjacente do mundo visível. "Tornando-se outros", os xamãs se identificam alternadamente com cada um dos seres primordiais cujas imagens eles "fazem dançar", desdobrando assim seu olhar segundo uma pluralidade infinita de espaços-tempos ontológicos. A matemática não é, sob esse aspecto — tanto quanto o xamanismo o é pela coreografia narrativa —, a estenografia infinitamente exata de sonhos multiperspectivos lançados ao assalto da estranheza inexaurível do "real"?

CÉDRIC VILLANI: Bruce Albert o expressou tão bem! Sob suas aparências externas abstratas, os conceitos matemáticos são sempre maneiras de representar o mundo real, oníricas talvez, mas alimentadas por uma lógica inabalável, e além disso trata-se de um sonho que todo mundo tem ao mesmo tempo! Não há nada mais universal do que a matemática (o termo no singular, aqui, reveste toda a sua importância), é um sonho que todos podem partilhar e verificar! No entanto, não há nada mais singular, já que cada matemático tem seu estilo próprio, seu modo de sonhar e sua estética. Um sonho ao mesmo tempo pessoal e padronizado. Será que é o matemático que sonha o mundo ou, ao contrário, ele mesmo evolui num sonho?

A matemática, como o xamanismo, é uma aventura a um só tempo solitária e coletiva, imensamente social! E quando nos apropriamos de um teorema, quando o redemonstramos com nossas próprias palavras, é afinal de contas uma maneira extrema de apreciar essa obra. Ou, por que não?, para retomar a expressão de Aragon, "uma forma superior da crítica poética"!

MICHEL CASSÉ: O cruzamento está feito. Cédric Villani e eu mesmo precisávamos de um verde puro para lavar nossos dentes de ciência, e o encontramos: é a selva. Mas um enigma sofre por não ter sido descoberto: como os átomos de imaginação são ligados à matéria? O universo geme ao se ver separado em indivíduos. Por qual mistério os objetos do campo físico são postos em correspondência com os objetos imaginários da álgebra e da geometria? As equações entre símbolos permitem a expressão de leis concretas. Com o lápis da poesia e da crítica, remexamos o espírito da floresta. Estamos sob uma folha, aqui vos esperamos.

POSTSCRIPTUM

Cédric Villani

Encontrei Davi Kopenawa com o etnólogo Bruce Albert em Paris, em 2011, quando eu estava envolvido na preparação da exposição Mathématiques, un Dépaysement Soudain, apresentada pela Fundação Cartier para a Arte Contemporânea. Foi uma conversa fascinante, que me marcou porque esse encontro com Kopenawa abriu meus olhos para as graves ameaças que pesam sobre as culturas e o ecossistema dos povos autóctones amazônicos, mas também porque desencadeou uma reflexão inesperada sobre a convergência entre o papel dos xamãs e o dos cientistas em relação à sociedade, mais além das evidentes diferenças. No que se refere aos métodos e ao estatuto de suas produções respectivas, são ambos passadores e sonhadores, antenas de um mundo invisível que ajudam os outros a estruturar seus próprios pensamentos e a se comunicar entre si.

Tal encontro-surpresa foi o ponto de partida dessa conversa escrita a três (Michel Cassé, Bruce Albert e eu), que constitui uma homenagem mais que legítima ao pensamento de Davi Kopenawa, cuja consciência aguda das relações ecológicas, bem como dos laços de interdependência de todos os aspectos da sociedade e do meio ambiente, é espantosamente contemporânea, apesar de sua herança multissecular.

10. A voz dos espíritos

Davi Kopenawa

Nossos antigos, quando ainda viviam sozinhos na floresta, eram cheios de sabedoria. Preferiam as palavras dos cantos dos espíritos *xapiri pë* a qualquer outro pensamento. Mas hoje os brancos se aproximaram da nossa floresta. Suas vozes enfraquecem as dos antigos. Assim as palavras dos espíritos perdem sua força no pensamento de nossos jovens. É por isso, hoje, que eu temo que eles se preocupem demais com as mercadorias e as conversas dos brancos. Alguns têm até medo da força do pó *yãkoana a* e, às vezes, recusam-se a se tornar xamãs. Temem os espíritos e receiam sua hostilidade.

Antes da chegada dos brancos, as casas dos espíritos eram bastante numerosas no peito do céu. Agora muitas delas estão queimadas e abandonadas. As fumaças de epidemia *xawara a* devoraram a maioria dos nossos antigos. É por isso que, quando meus pensamentos estão tristes, às vezes pergunto a mim mesmo se, mais tarde, ainda haverá xamãs. Talvez não. Mas, se acontecer, nossos filhos terão o espírito tão emaranhado que já não verão os espíritos e já não poderão ouvir seus cantos. Sem xamãs, ficarão desprotegidos e a escuridão tomará conta do pensamento deles.

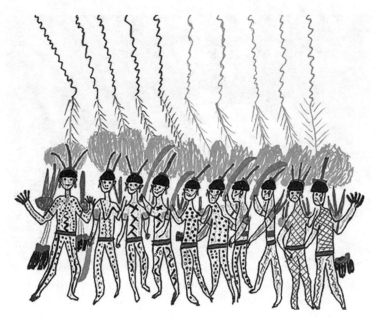

Dança de apresentação dos espíritos xapiri pë. *Desenho de Davi Kopenawa, 1993.*

Às vezes, de noite, tudo isso me atormenta. No entanto, assim que chega o amanhecer, recupero a calma pensando que, enquanto houver xamãs vivos, seus espíritos *xapiri pë* protegerão a floresta e não desapareceremos. É por isso que tentamos sem trégua convencer nossos filhos e nossos genros a "beber", por sua vez, o pó *yãkoana a* para fazer dançar os espíritos como o faziam nossos antepassados. Assim os cantos dos espíritos nunca se perderão.

A imagem de *Omama a* cuida de nós. Mas ele não era um xamã. Foi ele, porém, que criou os *xapiri pë* e fez de seu filho o primeiro xamã. Guardamos em nós suas palavras, desde sempre. Foi ele também que nos fez vir à existência e é por isso que nos

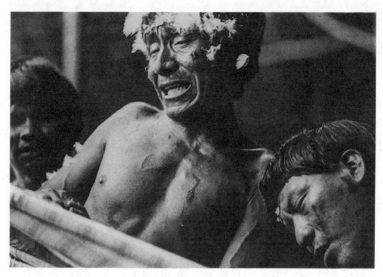

Sessão xamânica com Davi Kopenawa (à direita), Watoriki. Fotografia de Claudia Andujar, 1985.

esforçamos para seguir seu caminho. A exemplo de seu filho, continuamos a nos tornar xamãs. Não queremos perder suas palavras que os antigos mantiveram até nós. Nós as preservamos por toda parte na nossa floresta.

Elas são as únicas realmente claras para nós. Não compreendemos as dos brancos. São outra gente, suas palavras nos parecem estranhas e inquietantes. Quando nossa boca tenta pronunciá-las, nosso pensamento se perde procurando entendê-las.

Para nós, o que é bonito aprender é o que vemos e escutamos "bebendo" o pó *yãkoana a*. As palavras do canto dos espíritos são muito antigas, existem desde o primeiro tempo. Pensamos que são realmente belas palavras. Nossos antigos as possuíam desde o tempo em que viviam sozinhos na floresta; desde o tempo em que os brancos ainda estavam longe de nós; desde o tempo em que ainda não sabíamos nada deles.

11. A floresta poliglota

Bruce Albert

> *Para os que cresceram no silêncio da floresta [...], a barulheira das cidades é dolorosa.*
>
> Davi Kopenawa[1]

A floresta amazônica forma um bioma-continente de algo como 6,5 milhões de quilômetros quadrados que se divide por nove países latino-americanos e representa quase a metade das florestas tropicais úmidas restantes no planeta. Essa imensa região florestal, que abriga uma variedade considerável de ecossistemas terrestres e aquáticos, engloba a maior parte da biodiversidade mundial conhecida. Ameaçada muito seriamente nos dias de hoje,[2] em especial pela expansão das atividades agrícolas (pecuária, soja), ela é habitada há pelo menos 11 mil anos por um complexo mosaico de povos indígenas que ainda são, depois de vários séculos de dizimação e espoliação, pouco mais de quatrocentos, falando cerca de 240 línguas diferentes.[3] Portanto, a Amazônia tem uma história cultural muito antiga que, modificando no passar do tempo a distribuição das plantas e dos animais, influenciou profundamente sua história natural.[4] Longe de ser (ou melhor, de ter sido) uma floresta virgem, a Amazônia sempre foi uma floresta habitada, estudada e transformada por seus moradores indígenas há milênios. Sua excepcional biodiversidade está, portanto, intrinsecamente ligada à história de sua sociodiversidade.

A floresta amazônica abriga, de acordo com o estágio ainda limitado de nossos conhecimentos, 1300 espécies de pássaros, 427 espécies de anfíbios e 425 espécies de mamíferos.[5] Apesar de sua grande variedade, essa fauna é essencialmente tributária de recursos alimentares vegetais distribuídos de maneira muito heterogênea e submetidos a importantes variações sazonais.[6] Portanto, ela é ao mesmo tempo pouco densa e muito móvel, enquanto grande parte da caça procurada pelos caçadores indígenas tem hábitos noturnos e/ou é arborícola.[7] Todas essas características tornam a atividade destes últimos tarefa complexa e muito árdua, de resultados sempre imprevisíveis.

Além disso, como se imagina, o emaranhado e a imensa diversidade floral desse meio florestal — 50 mil espécies de plantas e árvores —[8] criam para o olhar uma trama vegetal impenetrável mais além de uma curtíssima distância. Por isso, os caçadores em geral apenas supõem ou, no máximo, entreveem as presas sempre furtivas, depois de ter às vezes percebido indícios de sua presença no chão.

É essencialmente o recurso à audição que lhes permite detectar a presença e os movimentos da caça na vegetação rasteira ou no dossel. Assim, compreende-se facilmente que o conhecimento acústico do meio florestal pelos caçadores indígenas seja considerável, e isso desde que são crianças, mas também que o concerto dos sons de origem animal que os cercam em permanência impregne profundamente sua língua e sua cosmologia. A experiência acústica dos Yanomami, com quem tive o privilégio de dialogar por vários decênios, oferece uma boa ilustração dessa influência da biofonia da floresta tropical no saber vivido dos povos amazônicos.[9] Evocarei aqui, em homenagem à obra de Bernie Krause, alguns exemplos, desde o diálogo dos caçadores com as vozes da floresta até o mito de origem das línguas animais, passando pelo aprendizado dos cantos cerimoniais e xamânicos.

YARO PË HEÃ: AS VOZES DA FLORESTA

Ao longo de seus itinerários de caça ou de coleta, os Yanomami mantêm um diálogo constante com a multiplicidade de vozes da floresta. Sua escuta da biofonia florestal é, assim, objeto de uma atenção constante, e estão sempre prontos para o mimetismo sonoro em resposta a seus interlocutores não humanos. Essa extrema concentração acústica é, além disso, duplicada na decodificação permanente de um sistema elaborado de correspondências sonoras que eles associam à noção de *heã*.

Os caçadores designam com esse termo os cantos, gritos e chamados de inúmeros pássaros (mas também de batráquios e de certos insetos) que eles consideram indícios acústicos capazes de revelar a presença na floresta de presas, de frutas ou de plantas que lhes são associadas. Como um deles me resumiu laconicamente, "quando várias vozes animais falam na floresta, dizemos que há entre elas sinais sonoros de caça".

Nesse sistema de correspondências sonoras, o arrulho do papa-formiga-barrado (*Cymbilaimus lineatus*) revela a presença de uma anta, e o canto enrolado do surucuá-de-cauda-preta (*Trogon melanurus*) anuncia um bando de caititus. A aproximação dos macacos-aranhas é assinalada pelos dois tons estridentes das maitacas-de-cabeça-azul (*Pionus menstruus*), a passagem de um veado-mateiro, pelo trinado espasmódico do arapaçu-pardo (*Dendrocincla fuliginosa*), enquanto o silvo aflautado do uirapuru-de--asa-branca (*Microcerculus bambla*) denuncia a proximidade de um tatu-galinha.

No campo vegetal, o canto melodioso do sabiá-da-mata (*Turdus fumigatus*) revela a existência de taperebás (*Spondias mombin*), e os assobios contrastantes do furriel (*Caryothraustes canadensis*) anunciam a presença de frutas da árvore *Pseudolmedia laevigata*. Os trinados e zumbidos do cabeça-de-ouro (*Ceratopipra erythrocephala*) são, de seu lado, o *heã* do cipó *Lonchocarpus utilis*, usado como veneno de pesca, e as notas melancólicas do urutau (*Nyctibius griseus*), o das frutas do timbó-pau (*Clathrotropis macrocarpa*),[10] enquanto a madureza das frutas das castanheiras-do-pará é assinalada pela chamada do gaviãozinho (*Gampsonyx swainsonii*).

A etimologia provável do termo *heã* se compõe de *he*, "cabeça", que remete à noção de extremidade, de "ponto-limite", e de *ã*, que se refere ao som e à voz. O verbo intransitivo *heãmuu* significa "marcar presença por um som". Assim, quando se assobia para anunciar a chegada perto de uma casa coletiva amiga, diz-se fazer *husi heãmuu* (*husi* designa o lábio inferior). Por isso, pode-se aproximar esse termo da ideia de sinal ou indício sonoro. A rede complexa de associações entre vozes animais indiciais (*heã*) e presença de caça ou de plantas úteis na floresta constitui assim para os Yanomami um sistema de referências acústico inculcado desde a infância e que, sendo ao mesmo tempo permanente e constantemente mutável, é sempre capaz de orientar caçadores e coletores na "grande orquestra animal" da floresta.[11] Como lembra o xamã Davi Kopenawa:

As vozes animais da floresta que nós conhecemos, os apelos *heã* que evocamos entre nós, são palavras que ouvimos de nossos antigos e que eles nos deixaram dizendo-nos: "Este canto é o *heã* desta caça ou destas frutas!", e as guardamos em nós desde nossa infância até agora.[12]

Além disso, alguns desses chamados são igualmente considerados indícios sonoros de acontecimentos climáticos e ecológicos.[13] Assim, a dupla nota grave do cricrió (*Lipaugus vociferans*) e o pio estridente que a segue são considerados o *heã* dos temporais, enquanto o canto matinal lancinante do udu-de-coroa-azul (*Momotus momota*) anuncia o "tempo dos macacos gordos" (pico da estação das chuvas de junho a agosto) e as rajadas de gorjeios agudos da pipira-vermelha (*Ramphocelus carbo*) indicam o início do "tempo das pupunhas" (de janeiro a março). Por último, os estrídulos poderosos das grandes cigarras marcam a chegada de *Omoari a*, o ser da estação seca.

A tal escuta vigilante das vozes da floresta corresponde uma preocupação não menos zelosa da parte dos caçadores de comunicar-se com os animais que esperam atrair ao alcance de suas flechas, imitando o apelo de seus semelhantes, de seus congêneres de sexo oposto ou de seus descendentes. Esse amplo repertório de simulações das vozes animais recorre em geral a chamados assobiados de diversos tipos (*huxomuu*)[14] ou a imitações fônicas baseadas em onomatopeias. O único reclamo que vi os Yanomami utilizarem foi um apito de madeira em forma de T que serve para imitar o assobio da anta.

Os animais que, assim, é possível "chamar" (*nakaɨ*) e "fazer responder" (*wã huamãɨ*) na floresta são, sem dúvida, uma profusão. Dependendo dos talentos diversos de meus interlocutores, ficou claro durante nossas conversas que esses chamarizes acústicos podiam cobrir a maior parte dos animais caçados correntemente pelos Yanomami, desde os tucanos, araçaris, araras, jacamins, cujubins, mutuns, urus-corcovados, grandes e pequenos inambus, até antas, queixadas, veados e onças, passando por cutias, macacos-aranhas, guaribas-vermelhos, cuxiús-pretos e cairaras-de-fronte-branca. Essa capacidade de imitação acústica se estende, na verdade, para além da caça, cobrindo o conjunto, ou quase, de toda a fauna da região florestal conhecida e percorrida pelos caçadores (a maioria dos nomes de pássaros em yanomami são formados a partir de onomatopeias e de seus cantos).[15]

As técnicas da caça com chamariz acústico têm por objetivo "fazer acorrer" (*rërëmãi*) um animal em direção a um caçador que escamoteia sua aparência humana sob uma máscara sonora para se converter, ao menos por meio da voz, num de seus congêneres (semelhante, parceiro ou progenitura). Portanto, elas são concebidas como estratégias de sedução ou ternura destinadas a tornar a caça dócil e disponível, *waroro*, termo que qualifica igualmente as disposições abertas e generosas das relações amigáveis, amorosas ou de parentesco (o verbo *wararoãi* significa "deixar-se escorregar"). Porém, usa-se para qualificar o efeito dessa isca sonora o mesmo termo que designa a artimanha que às vezes se reserva a aliados desleais atraindo-os para uma festa intercomunitária *reahu* por falsas demonstrações de amizade a fim de flechá-los (*nomihirimãi*). Escutemos o relato, feito por Davi Kopenawa, de uma caçada de anta com chamariz:

> Quando um grande caçador de anta segue o rastro de um desses animais na floresta para flechá-lo, ele imita sua voz e, aproximando--se, o faz responder ao seu chamado. Assim acontece quando o rastro de uma anta ainda é recente e ela está bem pertinho, deitada no chão da floresta. Então a gente age como uma anta imitando sua voz para atraí-la. A gente fala com ela: (*assobio agudo em dois tons*) e ela responde: "*ēēēēiii!*". Depois ela sai da vegetação

emaranhada. A gente fica imóvel e chama de novo: (*novo assobio*). Ela responde de novo: "*ēēēēiii!*" e se aproxima: *tëki tëki tëki* (*imitação dos passos*). Então a gente fala com ela bem pertinho: (*séries de duplos cliques aspirados*), ficando escondido para enganá-la, pois do contrário ela logo fugiria. Depois se recomeça: (*série de cliques aspirados, série de assobios agudos*). Se ela ficar desconfiada e quiser recuar, tenta-se de novo: (*dois assobios longos*). Então ela volta e corre para nós pensando que é o chamado de seu filhote.[16]

É claro que a comunicação que o chamariz acústico tenta estabelecer, embora assumindo a forma de um diálogo, não é realmente uma comunicação. Se sua mensagem, uma falsa-semelhança interespecífica, mantém brevemente uma ilusão de familiaridade, não espera outra resposta do animal além da realização de seu destino de caça fadada a saciar a "fome de carne" (*naiki*) canibal dos humanos. Canibal, pois os animais de caça atuais, descendentes dos animais ancestrais do primeiro tempo, são considerados um povo humano dotado de outra aparência (corpo):

No primeiro tempo, os animais eram humanos, mas se tornaram caça. Embora sempre humanos, agora têm a falsa aparência da caça e só são moradores da floresta porque é o lugar onde antigamente se metamorfosearam. Pensam dos humanos atuais: "Nós somos a mesma gente que eles, mas eles têm tanto desejo de nossa carne que parecem seres maléficos! Mas não são. São nossos semelhantes!". É assim mesmo. Somos outra gente do mesmo tipo que os animais, porém os comemos![17]

Davi Kopenawa termina sua descrição da caça à anta com uma série de onomatopeias evocando a morte do animal: "*thaiii!* (estalo da corda do arco), *koxo!* (impacto da flecha), *uwooo hoo*

Amoã hi, *a árvore de cantos*. Desenho de Joseca, 2003.

hoo hoo! (gemidos de dor da anta), *tëkɨ tëkɨ tëkɨ!* (passos de sua fuga), *kuraɨ!* (barulho de sua queda)".

O uso das onomatopeias e dos ideofones é onipresente na arte narrativa dos Yanomami, manifestando também aqui a pregnância do ambiente acústico florestal nas formas de expressão linguística ameríndia. Mas, além dessa riqueza mimética habitual, quando os narradores desejam acentuar a intensidade sensível de certos episódios de sua narração, como é o caso aqui, amplificam essa propensão à iconicidade sonora a ponto de substituir inteiramente as proposições descritivas de seu relato por encadeamentos de onomatopeias codificadas. Trata-se então, por essas sequências de imagens fônicas, perfeitamente óbvias para seu público, de se libertar totalmente das restrições formais da narrativa dos acontecimentos relatados, preferindo se empenhar em restituir uma experiência de simulação acústica partilhada o mais perto possível do universo sensível da floresta.[18]

AMOÃ HI KɎ: AS ÁRVORES DE CANTOS

Os coros das cigarras, dos batráquios ou dos macacos guaribas--vermelhos são evocados em língua yanomami com a ajuda do verbo *herii*. Esse termo também designa o canto coletivo dos humanos. Assim, durante suas grandes festas funerárias *reahu* entre casas aliadas, homens e mulheres yanomami entoam, noite após noite, alternadamente, cantos (*amoã pë*)[19] destinados a celebrar a abundância dos alimentos cerimoniais vindos das roças (beijus, mingau de banana, mingau de pupunha) e da caça moqueada para a ocasião.

Cantando, as mulheres avançam e recuam pela praça central da casa coletiva, formando uma ou várias fileiras, martelando o chão com seus passos.[20] Os homens percorrem, uns atrás dos outros, a circunferência da praça central, caminhando ou numa espécie de corrida dançada. Tais grupos são guiados por uma cantora ou um cantor renomado pela voz e pelo repertório, a quem é conferido o papel de solista. Esse solista, qualificado de "árvore de cantos" (*amoã hi*), entoa primeiro sua melodia sozinho, com a boca contra o braço direito dobrado, a mão posta no ombro a fim de favorecer a ressonância da voz. Logo em seguida seus companheiros reproduzem seu canto num coro cujo uníssono, em meio à euforia crescente, costuma ser prejudicado pelas gargalhadas ou imitações de jovens brincalhões.

Os *amoã pë* são constituídos de curtíssimas frases musicais em que certos elementos são repetidos ritmicamente. Muito apreciados e populares, eles viram moda e são trocados pelos cantores durante os *reahu*, circulando entre grupos aliados por vastas regiões do território yanomami. Seu conteúdo é em geral formado por notações fugazes a partir de movimentos e sons observados na floresta (animais, frutas, brisa, rios) à maneira de haicais livres apoiados numa linha melódica simples:

Keakeamuu keakeamuu a-ëëë!
Keakeamuu keakeamuu a-ëëë!
Wixa xina a ka keakeamuu keakeamuu a-ëëë!
[Ele sobe e desce, sobe e desce!
O rabo do cuxiú-preto sobe e desce!]

Reiki reiki kë-ëëë!
Reiki reiki kë-ëëë!
Mõra makɨ uxuhu a ka reiki reiki kë-ëëë!
[Penduradas, penduradas!
As frutas maduras da árvore *Dacryodes peruviana* estão penduradas, penduradas!][21]

A origem do uso desses cantos cerimoniais nas festas *reahu* é atribuída a *Yõrixiamari a*, o ancestral mítico do sabiá-da-mata (*Turdus fumigatus*). O gorjeio desse melro familiar das margens dos rios compõe-se de alternâncias de frases musicais melodiosas, os machos se reunindo em grupo ao anoitecer para dar concertos coletivos. O mito conta que *Yõrixiamari a*, chegando um dia inesperadamente a uma festa *reahu* dada por mulheres-sapos (*Bufo typhonius*), se apavorou com seus coaxos nada graciosos e acabou lhes ensinando seu próprio jeito de cantar. Tampouco se reconhece uma autoria humana aos cantos *amoã pë* entoados atualmente nas festas *reahu*. Sua origem é atribuída a longínquas "árvores de cantos" (*amoã hi kɨ*), criadas pelo demiurgo *Omama a* nos confins da terra-floresta *urihi a*, cada um deles correspondendo a um dos falares regionais yanomami.

Os xamãs yanomami veem essas árvores vocalistas na forma de imensos troncos enfeitados de plúmulas de uma brancura ofuscante, cobertos de bocas vibrantes que deixam escapar uma sequência infinita de cantos harmoniosos. Como explicou ainda Davi Kopenawa, os cantos *amoã pë* "são imagens de melodias que vieram das árvores *amoã hi kɨ*. Os convidados que gostam deles os guardam então no peito para poderem cantá-los depois, quando derem festas em suas casas. É assim que esses cantos se espalham de casa em casa".[22]

O aprendizado dos cantos dos espíritos auxiliares *xapiri pë* é o alfa e o ômega de qualquer iniciação xamânica yanomami:

> Quando o iniciando se aplica a responder aos *xapiri pë*, as imagens do sabiá *yõrixiama a* e da árvore de cantos *reã hi* descem rapidamente a ele. Essas imagens nos emprestam suas gargantas e reforçam nossa língua. Desse modo, as palavras do canto dos espíritos aumentam depressa em nós, como num gravador. Bebemos *yãkoana a* com os olhos cravados em sua dança de apresentação e perdemos todo o receio de cantar diante das pessoas de nossa casa.[23]

Os cantos entoados pelos espíritos *xapiri pë* por intermédio de seus "pais" xamãs têm um nome idêntico aos dos coros *herii* (*amoã pë*) e são conhecidos por se originarem das mesmas "árvores de cantos". Antigamente contava-se que os espíritos deviam ir cortar os galhos das "árvores de cantos" para adquirir suas melodias,[24] e as gaitas oferecidas durante suas primeiras visitas pelos *napë pë* (os forasteiros, os brancos) foram por isso igualmente qualificadas de "árvores de cantos". Mais recentemente, os gravadores é que, por sua vez, foram designados por essa expressão (ou a de "objetos sabiás", *yõrixia kɨkɨ*). A descrição do modo de aquisição de seus cantos pelos *xapiri pë* seguiu este movimento semântico:

Os espíritos dos sabiás *yõrixiama a* e os dos espíritos japins *ayoko-ra a* — e também os dos pássaros *sitipari si* e *taritari axi* — são os primeiros a acumular esses cantos em grandes cestos *sakosi*.[25] Colhem-nos um a um, com objetos invisíveis, parecidos com os gravadores dos brancos. Mas são tantos que nunca conseguem esgotá--los! Entre esses espíritos pássaros, os dos sabiás *yõrixiama a* são de fato os sogros dos cantos, seus verdadeiros donos.[26]

Todos os pássaros citados são, como o sabiá *yõrixiama a* (*Turdus fumigatus*), notáveis vocalistas.[27] Todavia, o que os distingue como tal não são tanto seus próprios cantos, e sim, a exemplo deste último, sua espantosa capacidade de imitação. Entre eles, o japim-de-dorso-amarelo é especialmente notável, tanto por sua estética e visibilidade como por seus talentos de poliglota incomum. Esse pássaro dos extremos das florestas, vivendo em grandes colônias, é de fato capaz de imitar mais de quarenta espécies de pássaros, mamíferos, batráquios e insetos ou até sons vindos das casas humanas (gritos, choros, latidos), intercalando essas imitações com seus próprios cantos e chamados.[28]

Trata-se, portanto, de uma espécie de cantor emblemático, de um metacantor capaz de recapitular a maioria dos cantos de animais da floresta. Certamente é por isso que se atribui ao ser-imagem desse pássaro uma importância tão especial no xamanismo yanomami: é o único espírito que permite aos xamãs regurgitar à vista de todos as plantas de feitiçaria ou os objetos maléficos que extraem do corpo dos doentes. O mimetismo sonoro do japim-de-dorso--amarelo lhe conferiria assim tal privilégio xamânico, ecoando o mimetismo ontológico dos xamãs, cujo trabalho consiste, justamente, em se identificar com as "imagens" (*utupa pë*) dos ancestrais animais do primeiro tempo (*yarori pë*), que eles "chamam", "fazem descer" e "fazem dançar" na forma de espíritos auxiliares (*xapiri pë*) adotando alternadamente sua subjetividade e expressão vocal.[29]

Ayokorari pë yahi pë. *Casas dos espíritos japins-de-dorso-amarelo.*
Desenho de Joseca, 2002.

Em geral pode-se observar, durante as sessões xamânicas yanomami, dois modos desse "tornar-se imagem" e dessa identificação com os *xapiri pë*. De acordo com o primeiro modo, os xamãs executam uma coreografia que reproduz a dança de apresentação genérica dos espíritos que eles convocam.[30] Seus cantos, narrativos, descrevem então, com riqueza de detalhes estéticos, a aparência e os gestos dessas entidades e também as paisagens cosmológicas ou situações mitológicas em que elas evoluem.[31] De acordo com o segundo modo, em regra mais curto e esporádico, o corpo dos xamãs é bruscamente agarrado numa relação de identidade mais estreita com os *xapiri pë* específicos que eles evocam sucessivamente. Sua gestualidade e sua vocalização — constituídas por sucessões de onomatopeias animais — remetem então, muito diretamente, às dos antepassados animais específicos cuja presença eles manifestam.

É essa vocação mimética — esse "tornar-se-ser-imagem *xapiri*" (*xapiripruu*) —, visando restaurar a condição a um só tempo humana e animal dos primeiros ancestrais, portanto a contrapelo das tribulações mitológicas da especiação, que é o objeto primordial do aprendizado dos jovens xamãs. A dimensão acústica de tal experiência de regressão ontológica, que constitui o desafio da iniciação xamânica, é primordial, como aqui, mais uma vez, explica Davi Kopenawa:

> Quando inalamos o pó *yãkoana a*, não distinguimos mais claramente os humanos que nos rodeiam. Ficam com uma aparência inquietante, fedendo a fumaça, e sua barulheira torna-se assustadora. No momento em que o poder do *yãkoana a* cresce dentro de nós, nos sentimos muito agitados e é impossível ficar deitado na rede. Apenas a floresta parece agradável e só nos sentimos bem se ficarmos à sua escuta. Isso acontece assim porque os *xapiri pë* só querem ser ouvidos no silêncio dos humanos. Detestam nossa balbúrdia e fogem assim que a ouvem.
>
> Uma vez mortos sob o efeito do *yãkoana a*, vemos as árvores se tornarem seres humanos, com olhos e boca. Também ouvimos as vozes dos animais da floresta falarem como eu falo agora. E os compreendemos claramente. Os que não tomaram *yãkoana a* não conseguem vê-los nem ouvi-los. Só podem ouvir suas vozes através de nossos cantos em que os espíritos nomeiam a si mesmos. Então, pensam que essas palavras são realmente muito bonitas. Nesses cantos, os *xapiri pë* descrevem os lugares desconhecidos de onde vêm, evocam lugares habitados por outros humanos e outras florestas e colinas longínquas que visitaram.
>
> Quando morremos sob o efeito do *yãkoana a*, nossa cabeça e nossa boca encolhem. Os *xapiri pë* se revelam a nós e então só

ouvimos a eles. Vemo-los como uma nuvem iluminada por plumas ou abelhas brilhantes. Aparecem e desaparecem sem parar. Quando dançam todos juntos, seus cantos são realmente magníficos. Ouvimos primeiro suas vozes nos chegarem como um zumbido de besouro voando. Depois distinguimos aos poucos suas bocas, seus olhos e ornamentos. É então que podemos realmente lhes responder imitando-os.[32]

YARO PËÃ HWA†WII PËÃ: A ORIGEM DAS LÍNGUAS ANIMAIS

A maioria dos "relatos do primeiro tempo" (*hapao tëhëmë thëã*) que os antigos Yanomami contam é sobre as vicissitudes finais de uma época em que homens e animais ainda eram indistintos. Foi depois da longa série de acasos, quiproquós e transgressões contados nesses relatos que os primeiros antepassados, os *yarori pë*,[33] perderam sua condição "humanimal" original. Essa perda, cujas peripécias são narradas com um humor em geral exuberante, é, ainda assim, considerada um infortúnio fundador. O tempo descrito nesses relatos é o de uma deplorável separação ontológica entre humanos (predadores) e animais (comestíveis).[34] É, literalmente, o tempo do "mal-devir dos antepassados" (*në pata pë xi ka wārirāeni tëhë*), o "tempo do devir-caça dos antepassados" (*në pata pë ka yaroprariyoni tëhë*).

Durante suas metamorfoses sucessivas, esses antepassados perderam corpo e língua humanos em benefício da multiplicidade de "peles" (*pei si*) e de "vozes" (*pei wã*)[35] animais que a virtualidade de seus zoônimos originais prefigurava. Além disso, suas imagens primordiais (*utupa pë*)[36] também deram origem a tantas classes de espíritos xamânicos quantos eram os nomes ancestrais contidos nessa zoonimia:[37] "Os antepassados *yarori pë* dos primeiros tempos transformaram-se em espíritos *xapiri pë* e em animais *yaro pë*. Suas imagens tornaram-se espíritos e suas peles viraram animais de caça".[38]

Ao contrário de nosso evolucionismo naturalista, aqui são, portanto, os animais que descendem do homem.[39] A animalidade e suas descontinuidades emergem de uma humanidade originária que condensava os atributos dessas duas ordens e ainda constitui sua base comum. Desse ponto de vista, os humanos não têm nada a ver com uma "natureza animal" anterior e exterior da qual seriam o ápice e de que estariam destinados a se tornar os "mestres e possuidores". Bem mais humildemente, eles constituem apenas um dos múltiplos povos de entes que habitam o vasto mundo da terra-floresta *urihi a* e formam a paisagem cosmopolítica e interlocutiva uns dos outros.

Portanto, os Yanomami consideram que as diferentes espécies animais e os indivíduos que elas englobam são povos e pessoas dotados de subjetividade e sociabilidade (qualidades primárias), como os humanos (em suas variedades), e que se distinguem deles apenas por suas corporalidades e vocalizações diferentes (qualidades secundárias). As cores e os padrões das plumagens e pelagens são, assim, tantos quanto as pinturas corporais, enquanto gritos e chamados são tantos quanto as línguas naturais; todos são traços distintivos adquiridos em seguida à metamorfose dos primeiros ancestrais.

Por isso, um relato do primeiro tempo conta a origem das cores dos animais e de suas línguas,[40] relato cujo anti-herói é Sariguê (*Narori a*), pretendente malcheiroso e preguiçoso que, vendo-se lamentavelmente rejeitado, inventou a feitiçaria para poder se vingar de seu concorrente mais afortunado, dono do mel.[41] Tendo matado Sariguê, esmagado por um enorme rochedo dentro do tronco oco onde ele encontrara refúgio depois de eliminar seu rival, os ancestrais animais besuntaram o corpo com seu sangue, seu cérebro e sua bile a fim de adquirir as cores e os desenhos distintivos de suas penas e de suas pelagens (é essa também a origem das pinturas corporais humanas atuais).

Depois, quando terminaram, começaram a tentar falar as próprias línguas. Nessa época a floresta ainda era nova e crua, cheirava muito bem. As pessoas-caça se reuniram em grande número, e alguns que se tornavam araras começaram a dizer:

"Nós que estamos aqui, vamos primeiro tentar proferir nossas palavras! Mas como então vamos conversar? Não! Não devemos nos perguntar isso! Vamos falar como araras! Vamos nos fazer ouvir assim: *ãããã ã ã ã ã!*"

Os outros responderam:

"Sim! Tentem primeiro!"

"Nossas palavas são bonitas assim?"

"Sim, são bonitas!"

"Muito bem! Então falemos todos assim! *ãããã ã ã ã ã!*"

Logo soltaram exclamações de alegria: "*hɨ! wẽ wẽ wẽ wẽooo!*", e voaram para longe em bandos barulhentos até a copa das árvores onde desde então se alimentam.[42]

Inúmeros grupos/espécies de ancestrais humanimais do primeiro tempo repetiram então o mesmo diálogo antes de, cada um de seu lado, se tornarem caça e irem se estabelecer em seus diferentes habitats florestais atuais. Os Yanomami consideram assim que as vocalizações dos animais (*yaro pë*) constituem formas de linguagem equivalentes às da "gente humana" (*yanomae thë pë*), e os termos que descrevem sua comunicação costumam ser os mesmos aplicados à comunicação humana (conversas, diálogos cerimoniais, cantos, lamentações). Ademais, a descrição da biofonia florestal por uma "encenação sonora" de conversas animais na forma de séries de onomatopeias e de diálogos humanos é também uma constante dos relatos yanomami sobre a floresta, tais como os que descrevem, por exemplo, a riqueza do despertar progressivo dos cantos e dos chamados dos animais na aurora.

No extremo oposto de nosso antropocentrismo, os Yanomami acham que os animais são antigos humanos que se revestiram de uma aparência (uma "pele") de animais de caça aos olhos dos humanos atuais (criados mais tarde pelo demiurgo *Omama a*), embora mantendo sua subjetividade de origem. Portanto, eles acham, a partir dessa premissa, que os animais, apesar de sua diferenciação corporal, continuam a conceber os humanos como seus semelhantes (mas transformados em "habitantes de casas"). Sempre que abordávamos o assunto, meus interlocutores não paravam de insistir no fato de que, a esse respeito, os humanos são, sem a menor dúvida, animais, e que estes últimos são seus "outros mesmos" (*ai yama kɨ hwëtu*).[43] Às vezes completavam essas afirmações me explicando que, em contrapartida, os *xapiri pë*, vindos da imagem dos primeiros ancestrais, consideram os humanos como fantasmas, ao passo que esses espíritos são eles mesmos, aos olhos dos animais, vistos como "pais" (*yaro pë hwɨɨ pë*) de quem são apenas os "representantes" imperfeitos na floresta.

Portanto, ninguém se surpreenderá se a esse cosmopolitismo ontológico, com pontos de vista humano e não humano tão estreitamente entrelaçados, corresponda aqui um poliglotismo "humanimal" de idêntica complexidade: poliglotismo que, para os Yanomami, dá toda a sua textura sonora à "calma silenciosa" da floresta e se opõe ao "alarido desordenado" (*tisi ã thethe*) da cidade. O confronto entre esse silêncio ordenador da polifonia das vozes da floresta e nossa cacofonia industrial, que obstrui qualquer pensamento enchendo-o de escuridão (nas palavras de Davi Kopenawa), constitui justamente o centro de gravidade da obra de Bernie Krause,[44] que, como poucos, soube encontrar nos povos autóctones seus mestres em escutar.

12. Os pés do Sol

Davi Kopenawa

A seca e os grandes incêndios não chegam sem motivo à nossa floresta.[1] Quando é o caso, é que *Omamari a*,[2] o espírito do Sol, pousa os pés na copa de suas árvores. É por isso que o calor se torna tão forte. Foi o que aconteceu naquele tempo. Os pés do Sol desceram sobre a terra. Pisotearam as águas, as praias dos rios, as colinas e as montanhas. Quando atingiram o dossel da floresta, tudo começou a ressecar. Os fazendeiros, os colonos e os outros brancos que se estabeleceram em volta da nossa terra não sabem nada do ser Sol. Acenderam fogo por toda parte, para desmatar. Foi assim que a floresta começou a queimar. A terra, as árvores e as folhas já estavam secas.

Nós, pessoas da casa da Montanha do Vento (*Watoriki*), conhecemos essas coisas. Mas em outras regiões os Yanomami também atearam fogo em suas roças, embora o chão da floresta estivesse coberto de folhas secas. Elas logo pegaram fogo. Depois as chamas passaram para o mato seco e para os troncos das árvores mortas. As brasas começaram a voar em todas as direções com o vento. Quando vi isso, fiquei preocupado. Pensei que os brancos, mas também alguns dos nossos, estivessem esquecidos.

Uma festa reahu a, série "Sonhos, a queda do céu", Toototobi. Fotografia de Claudia Andujar, 1976-2002.

A fumaça começou a aumentar e, de repente, cobriu toda a floresta. Primeiro, subiu para o peito do céu e depois baixou sobre nós. Lembrei-me das palavras dos antigos sobre o grande incêndio da floresta do primeiro tempo. Pensei que isso poderia acontecer de novo. Portanto, comecei a "beber" o pó da casca da árvore *yãkoana hi*[3] para fazer dançar meus espíritos *xapiri pë*. Queria fazê-los descer para afastar aquela fumaça para longe de nós. Fiz isso sem que os antigos de nossa casa me pedissem. Comecei sozinho, para tentar. Meus *xapiri pë* tentaram soprar seus vendavais para afastar a fumaça, mas não adiantou nada. Ela já tinha aumentado demais e cobria toda a copa das árvores. Havia incêndios por todo lado à nossa volta, na floresta, nas savanas, e eles até cercavam as cidades dos brancos. Naquele momento, meu sogro e outros xamãs de nossa aldeia se juntaram a mim para esse trabalho. Os incêndios e a fumaça aumentavam sem parar. Foi preciso que os xamãs das outras casas nos ajudassem a atacar aquela fumaça, como nós fazíamos.

Onde moramos, ao pé da Montanha do Vento, o fogo primeiro se espalhou nas roças. Depois invadiu a floresta e começou a subir pelas encostas da serra. Então nós todos juntos mandamos nossos espíritos para flechar suas chamas e jogar água sobre elas. Passado algum tempo, o incêndio diminuiu de intensidade. Do contrário, teria devorado toda a floresta. Nas nossas roças, fomos nós que apagamos o fogo, batendo nele e abafando suas chamas. Mas era a fumaça que nos preocupava de verdade. Sabemos que nas encostas das montanhas os espíritos maléficos da floresta, os *në wãri pë*, cultivam em suas roças plantas de feitiçaria. Quando querem nos atacar, põem essas plantas para secar e as sopram sobre nós com suas zarabatanas. É assim que nos mandam suas doenças.

Mal o fogo começou a subir a Montanha do Vento, imediatamente pensamos que as plantas dos espíritos maléficos iam queimar também e que isso poderia desencadear uma epidemia muito perigosa. As nuvens de fumaça acima de nós estavam tão baixas e carregadas que tínhamos a impressão de estar nos afogando. Já nem enxergávamos as árvores da floresta. Nossos olhos estavam vermelhos e ardendo, o peito ficava seco e o fôlego, curto; a gente tossia sem parar.

Foi por isso que todos os xamãs trabalharam juntos durante esse tempo. Chamamos a chuva. Nossos espíritos lançaram jorros d'água sobre as chamas e seus ventos no ataque à fumaça. Então, pouco a pouco ela deixou a floresta. Mas acho que continua escondida no mundo subterrâneo e que até poderia voltar um dia.

A floresta já queimou desse jeito no começo dos tempos, conforme eu disse. Sabíamos, pois mantemos as palavras de nossos antepassados. Por isso é que pensamos que isso poderia recomeçar. Aconteceu há muito tempo, no alto do rio Parima, nas serras. Era o tempo de *Omama a*, depois que ele criou os Yanomami. Foi ele que apagou as chamas daquele grande incêndio batendo nelas antes que conseguissem atingir as terras baixas. Nós chamamos de *purusi pë*[4] as savanas que existem nas nascentes dos rios, na região das montanhas. São os rastros e o caminho desse antigo fogo. São como a terra nua ao redor da cidade de Boa Vista que os brancos chamam de "lavrado".[5] Não existem sem motivo. A floresta já queimou naquele grande incêndio e ali onde deixou seu rastro as árvores nunca mais voltaram a crescer. Foi assim que os pés do Sol já desceram na floresta. Quando ficam no alto do céu, o calor já é forte. Mas quando começam a pisotear a floresta, as árvores secam e tudo pega fogo. Os rios também secam, os peixes e os jacarés morrem. A caça e os humanos sofrem de sede. Foi o que aconteceu, e isso poderá acontecer de novo.

13. A árvore da chuva

Bruce Albert

Quero alertar os brancos antes que acabem arrancando do solo até as raízes do céu.

Davi Kopenawa[1]

Retorno progressivo às cosmologias antigas e às suas inquietações que percebemos, de súbito, que não eram tão mal fundamentadas.

Bruno Latour[2]

Hoje, cerca de 400 milhões de pessoas — povos autóctones e outras comunidades locais — vivem em espaços florestais de que dependem para garantir sua subsistência e seu modo de vida original, principalmente nas zonas tropicais — Amazônia, bacia do Congo, Indonésia —, mas também nas regiões boreais. Os especialistas calculam que seus territórios tradicionais cobrem até 80% das florestas primárias do globo, o que as torna guardiãs de parte considerável dos últimos ecossistemas florestais mundiais ainda intatos ou em grande parte conservados. Esses espaços representam hoje cerca de um terço das florestas existentes e constituem assim, de maneira indissociável, focos de sociodiversidade, de biodiversidade e de regulação climática de importância vital para o planeta.[3]

Os Yanomami, povo indígena de caçadores-coletores e agricultores de coivara, ocupam um desses vastos territórios, situado de um lado e outro da fronteira da Venezuela com o Brasil e que representa quase 1,5% da floresta tropical ainda preservada do planeta.[4] Esses "habitantes da floresta" (*urihi thëri thë pë*) constituem, portanto, um dos grandes povos amazônicos cuja voz é hoje cada vez mais importante escutar e cujos saberes devem ser seriamente levados em conta. É a isso que este texto tem a modesta ambição de convidar o leitor.

ÁRVORES-HUMANAS DAS ORIGENS

Os xamãs yanomami, "homens-espíritos" (*xapiri thë pë*), têm como tarefa diária convocar uma miríade de espíritos auxiliares (*xapiri pë*), seres-imagens originais (*utupa pë*) com os quais se identificam sucessivamente, seja em suas viagens oníricas, seja durante os transes induzidos pela inalação de um pó vegetal, o *yãkoana a*, cujo princípio ativo, a 5-metoxi-dimetiltriptamina, constitui um poderosíssimo psicotrópico. Esses seres-imagens do "primeiro tempo" são as formas humanoides originárias dos entes atuais da floresta, animais e vegetais, mas também de uma série de entidades cosmoecológicas diversas. Os espíritos animais (*yarori pë*) têm aí, evidentemente, o papel mais relevante, tratando-se de um povo de caçadores. Porém, os espíritos-plantas estão longe de ficar atrás.

Em primeiro lugar, conta-se uma profusão de *xapiri pë* vegetais, os genéricos e multitudinários espíritos das árvores (*huu tihiri pë*), dos cipós (*thothoxiri pë*), das raízes (*nasikiri pë*) e das folhagens (*yaa hanari pë*), que, no começo das iniciações xamânicas, descem para dançar no peito dos noviços a fim de varrer e limpar o local de sua futura "casa dos espíritos". Mas essas entidades vegetais constituem uma espécie de infantaria anônima, de poderes reduzidos e com cantos pouco firmes, julgada demasiado próxima da indistinção de seu substrato florestal. Ao contrário, certas árvores notáveis da floresta são distinguidas pela atribuição de seres-imagens xamânicos cuja força é equivalente à majestade de seu porte ou à importância de suas propriedades.

Assim é o grande ipê *masihanari kohi* de madeira muito dura e com floração espetacular (*Handroanthus capitatus*), que restitui a força aos doentes graves, é o angelim-amargoso *yoroko axihi* (*Vataireopsis surinamensis*), de casca urticante, é a árvore *yãkoana hi* (*Virola theiodora*), cuja resina fornece o pó psicotrópico *yãkoana a* tão valorizado pelos xamãs. Várias outras árvores, como o cajuaçu *oruxi hi* (*Anacardium giganteum*), a cedrorana *ãpuru hi* (*Cedrelinga cateniformis*), a sumaúma *wari mahi* (*Ceiba pentandra*), o jatobá *ãroko hi* (*Hymenaea parvifolia*) e o pau-roxo *komatima hi* (*Peltogyne gracilipes*), também dão origem a espíritos guerreiros mobilizados para derrotar os espíritos maléficos patogênicos (*në wãri pë*) durante as curas xamânicas. Todas elas figuram entre as maiores árvores amazônicas.

> Os *xapiri pë* que, com bravura, descem ao nosso chamado para enfrentar os seres maléficos e nos vingar são mesmo muito numerosos! Além daqueles de que falei, há [...] os espíritos das árvores *ãroko hi*, *ãpuru hi*, *komatima hi* e *oruxi hi* [que] os empurram e derrubam. Os das árvores *wari mahi* batem neles com toda a força. Com o crânio aberto, cobertos de ferimentos e atordoados, os seres maléficos acabam vacilando. Os *xapiri pë* então podem agarrá-los e obrigá-os a largar suas presas.[5]

Ãrokohiri a, *o espírito xamânico da grande árvore jatobá protegido pelos espíritos dos pássaros japins-de-dorso-amarelo (com seus ninhos em forma de bolsa). Desenho de Joseca, 2003.*

O SOPRO DA FLORESTA

Como vimos, o termo *urihi a* remete para os Yanomami tanto à formação vegetal da floresta como ao espaço terrestre que a sustenta. É ao mesmo tempo o nome de seu território — "a floresta dos seres humanos" (*yanomae thë pë urihipë*) — e o do mundo — "a grande terra-floresta" (*urihi a pree*). *Urihi a* é, portanto, literalmente, lembrando de novo o título do romance de Ursula K. Le Guin *The Word for World is Forest* (1972), o nome do mundo.[6]

Essa "terra-floresta-mundo" abriga um quebra-cabeça complexo de sociedades formadas de seres-sujeitos tanto humanos como não humanos, vegetais e animais ou, de nosso ponto de vista, invisíveis (entidades maléficas, espíritos xamânicos, espectros) e inanimados (terra, vento, água, pedra). Trata-se, portanto, de um multiverso social de mundos vivos interconectados, de uma espécie de metaorganismo ele mesmo dotado, como todos os entes que o compõem, de uma essência-imagem xamânica humanoide primordial (*Urihinari a*), mas sobretudo de uma espécie de pneuma telúrica imperecível, "o sopro da terra-floresta".

> A floresta é de *Omama a*, e por isso tem um sopro de vida muito longo, que chamamos *urihi wixia*. É a sua respiração. O sopro dos humanos, ao contrário, é muito breve. Vivemos pouco tempo e morremos depressa. Já a floresta, se não for destruída [...], não morre nunca. Não é como o corpo dos humanos. Ela não apodrece para depois desaparecer. Sempre se renova. É graças à sua respiração que as plantas que nos alimentam podem crescer. [...] Esse sopro de vida vem do centro da terra, que é o antigo céu *Hutukara a*. Ele se espalha por toda a sua extensão e também ao longo de seus rios e igarapés.[7]

Essa respiração úmida da floresta, exalação gerativa, garante seu "valor de fertilidade" (*në rope a*), isto é, o poder de crescimento de suas árvores e de todas as outras plantas, incluindo as plantas cultivadas nas roças, portanto a possibilidade de toda a alimentação, tanto para os humanos como para os animais de caça de que eles dependem.

> O valor de fertilidade da floresta está na parte do solo que fica na superfície. Sai dela um sopro de vida úmido que chamamos *wahari a*. Esse ar frio vem da escuridão do mundo de baixo, de seu grande rio, *Motu uri u*, e do ser do caos, *Xiwãripo a*. Seu dono é o espírito da floresta, *Urihinari a*. Seu frescor se espalha sobretudo durante a noite; durante o dia, assim que o sol fica mais quente, ele retorna

para o chão. Esse sopro persiste porque as costas da terra estão cobertas de folhas e protegidas pelas árvores. Dizemos que isso é a pele da floresta. [...] Esse orvalho fresco é um líquido como o esperma. Ele emprenha as árvores, penetrando em suas raízes e em suas sementes. É ele que as faz crescer e florescer. Se vier a acabar, a terra perderá seu cheiro de fertilidade e ficará estéril.[8]

Assim, como vários de nossos saberes antigos ou contemporâneos (tal como a hipótese Gaia formulada por James Lovelock),[9] o dos xamãs yanomami, que é um e outro, fez literalmente do sopro vegetal da terra "o nome próprio da vida". Isaac Newton, aliás, o evocava de maneira semelhante em seu tempo: "Esta Terra assemelha-se a um grande animal, ou melhor, a uma planta inanimada que pega seu sopro etéreo para refrescamento e fermento vital, e que expira com grandes exalações".[10]

A DOR DAS ÁRVORES

A "terra-floresta" também é uma entidade dotada de sensibilidade, tal qual todos os seres que a povoam, humanos ou não humanos. Assim, suas árvores sentem dor quando os machados e as chamas atacam seus troncos, e os xamãs sabem ouvir suas queixas quando seus troncos secam ou desabam, mortalmente feridos.

A floresta está viva, e é daí que vem sua beleza. Ela parece sempre nova e úmida, não é? [...] Se a floresta estivesse morta, nós também estaríamos, tanto quanto ela! Ao contrário, está bem viva. Os brancos talvez não ouçam seus lamentos, mas ela sente dor, como os humanos. Suas grandes árvores gemem quando caem e ela chora de sofrimento quando é queimada. Ela só morre quando todas as suas árvores são derrubadas e queimadas. Então restam dela

Tempestade amazônica. Fotografia de Vincent Rosenblatt, 2012.

apenas troncos calcinados, desmoronados sobre uma terra ressecada. Não cresce mais nada ali, a não ser um pouco de capim.[11]

A atribuição de uma sensibilidade aos vegetais não é, porém, tão "simbólica" como se poderia pensar na primeira leitura. As pesquisas atuais acerca da biologia das plantas questionam muitos de nossos preconceitos sobre o mundo vegetal, borrando cada vez mais a fronteira da vida entre plantas e animais. Várias descobertas recentes sobre a sensório-motricidade e o tratamento da informação entre os vegetais inauguraram assim um novo campo de investigação científica: a neurobiologia vegetal.[12]

Além disso, os avanços tecnológicos permitem hoje aos pesquisadores detectar emissões acústicas feitas pelas árvores (e pelas plantas em geral) durante episódios críticos, como o estresse hídrico ou os cortes.[13] Sem a predação desenfreada dos *napë pë* (os forasteiros-inimigos: os "civilizados" autoproclamados, nós), a floresta seria imortal, pois se regenera permanentemente a partir do próprio húmus. Porém, hoje ela está agonizante, derrubada e incendiada, abrindo aos poucos espaço para um solo nu, seco e queimado, onde virá se instalar *Ohinari a*, o espírito da fome que sopra dia após dia seu pó xamânico nas narinas dos humanos a fim de enfraquecê-los e devorá-los um após outro. Mesmo muito longe da floresta yanomami as árvores adoecem por causa da "fumaça de epidemia *xawara a*" das fábricas e das máquinas:

> O que os brancos chamam de "o mundo inteiro" fica corrompido pela fábricas que produzem todas as suas mercadorias, suas máquinas e seus motores. Por mais vastos que sejam a terra e o céu, suas fumaças acabam por se dispersar em todas as direções e todos são atingidos por elas: os humanos, os animais, a floresta. É verdade. Até as árvores ficam doentes. Tornadas fantasmas, perdem as folhas, ficam ressecadas e se quebram sozinhas.[14]

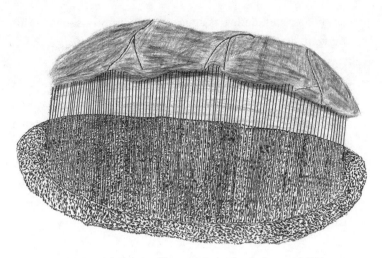

Tempestade sobre a floresta. Desenho de Joseca, 2005.

As pesquisas mais recentes sobre o metabolismo das árvores nos incitam novamente a dar a essas observações xamânicas mais crédito do que estávamos acostumados a lhes conferir. De fato, o aumento rápido e sustentado das concentrações atmosféricas de CO_2 desde o século XIX parece não ter induzido, como se podia esperar, uma estimulação do crescimento das árvores. Ao contrário, ocasionou uma saturação progressiva de sua capacidade de absorção do dióxido de carbono bem como uma aceleração de seu envelhecimento.[15]

ÁRVORES, ÁGUAS E VENTOS

A integridade luxuriante da floresta é, para os xamãs yanomami, a condição do fluxo da rede capilar dos igarapés e rios que nela parecem se ramificar ao infinito. São as árvores gigantes que atraem as precipitações e é a folhagem de seus cimos imponentes que garante a perenidade das águas em seus sub-bosques. As árvores vivem, assim, de seu poder de chamar as chuvas e são as avalistas da umidade viva da floresta.

> Quando as grandes árvores da floresta, como as sumaúmas *wari mahi* e as castanheiras *hawari hi*, são cortadas, a terra a seu redor fica dura e ardente. São elas que atraem a água da chuva e a guardam no chão. As árvores que os brancos plantam, mangueiras, coqueiros, laranjeiras e cajueiros, não sabem chamar a chuva. Elas crescem mal, espalhadas pela cidade em estado de fantasma. Por isso só há água na floresta quando ela está saudável.[16]

Contrariamente à nossa meteorologia clássica, em que o vegetal tem apenas um estatuto subalterno, os xamãs yanomami consideram que o regime das águas mas também o dos ventos são submetidos à influência preponderante da floresta e tributários de sua integridade. Para eles, a floresta está na origem das precipitações e não o contrário. Ainda aqui, uma versão científica dessa inversão de perspectiva, que recoloca as árvores no centro das interrogações sobre o clima, está hoje na origem de inúmeras pesquisas sobre a formação das nuvens e o ciclo da água atmosférica, que revolucionam as relações entre climatologia, ecologia e botânica.[17] Sabe-se agora que as grandes árvores da floresta amazônica podem bombear do solo e jogar na atmosfera cerca de mil litros de água por dia, o que representa, para o conjunto da região, 20 bilhões de toneladas de água produzidas pela evapotranspiração florestal diária.[18] Essa umidade circula, aliás, em todo o subcontinente sul-americano na forma de correntes atmosféricas de baixa altitude, verdadeiros "rios aéreos" que regem o regime pluvial regional, o qual se encontra, assim, cada vez mais afetado pelo desmatamento maciço da Amazônia brasileira.[19]

Assim que seu solo [da floresta] é desnudado, o espírito do Sol *Mot^hokari a* queima todos os seus rios e igarapés. Seca-os com sua língua ardente antes de engolir seus peixes e jacarés. Depois, quando seus pés se aproximam da terra, ela começa a assar e fica cada vez mais dura. As rochas das montanhas esquentam a ponto de rachar e explodir. Nenhum broto de árvore pode mais surgir do chão, pois não há mais umidade para manter frescas as sementes e as raízes. As águas retornam para o mundo subterrâneo e a terra ressecada se desfaz em poeira. O ser do vento, que nos segue na floresta para nos refrescar como um abano, também vai embora. Suas filhas e sobrinhas já não podem ser vistas brincando na copa das árvores. Um calor sufocante se instala por toda parte. As folhas e flores amontoadas no solo secam e se contorcem. O odor fresco da terra desaparece aos poucos. Mais nenhuma planta cresce, não importa o que se faça. A imagem de fertilidade da floresta, com raiva, vai embora para longe.[20]

Essa observação da relação privilegiada entre as árvores e a chuva é tão determinante no saber yanomami sobre a floresta, que encontra uma tradução cosmológica na forma da figura de *Maa hi*, a grande árvore da chuva. Assim, nos limites do nível terrestre, ali onde, no levante, ele fica tão perto das bordas do céu, eleva-se numa noite glacial e lamacenta uma árvore gigante cuja folhagem encharcada de água "chora" a cântaros as lágrimas de uma chuva perpétua. A floração dessa árvore aquífera está na origem tanto da estação das chuvas como das enchentes dos rios. Para fazer cessar seu fluxo e trazer a estação seca, os xamãs devem, portanto, atacar suas exuberantes folhagens.

[...] a árvore da chuva, *Maa hi*. É gigantesca, e de suas folhas escorre água o tempo todo. Os xamãs antigos a conhecem bem; meu sogro me contou que cresce nos confins da terra e do céu. É a morada dos seres da noite *titiri* e dos seres minhocas *horemari*.

Quando a árvore *Maa hi* floresce, começa a chover na floresta e as águas dos rios sobem. Para fazê-la parar de escorrer, os espíritos dos japins *napore* e dos macacos guariba[21] devem sacudir sua ramagem com força para fazer cair as flores. Depois, os espíritos araras devem cortar os seus galhos, auxiliados pelo espírito anta, que os acompanha com sua grande canoa. Quando isso ocorre, a árvore da chuva é rodeada de calor e ouvem-se as cigarras. Os espíritos genro do ser do tempo seco vão buscar o sogro e, para chamá-lo de volta à floresta, entoam com ele um diálogo de convite *hiimuu*.[22]

SONHAR A FLORESTA

Todas as elaborações xamânicas sobre as árvores e a floresta que evocamos teriam sido, ainda outrora, qualificadas com condescendência como crenças (exóticas) ou, no melhor dos casos, como metáforas (poéticas). Hoje elas têm um tom muito diferente. Sem querer hipostasiar a antecipação intuitiva, ou até a "presciência" do saber dos povos da floresta, convém, no entanto, lhes dar o crédito de uma soma considerável de experiências e observações das relações ecológicas fundamentais ativas na floresta tropical: relações que nosso narcisismo antropocêntrico ocultou teimosamente até hoje.

Considerar as árvores como sujeitos de direito,[23] reconhecer-lhes uma sensibilidade, aptidões comunicacionais ou uma influência sobre o clima, hoje já não diz respeito à ordem das "alegorias edificantes", mas à reflexão jurídica e científica de ponta. Da mesma maneira, a insurreição dos xamãs yanomami contra nossa avidez compulsiva pela mercadoria e sua advertência profética contra a devastação da floresta e a queda do céu tendem, cada vez mais, no atual contexto de desastre climático do mundo industrial, a "assumir uma perturbadora literalidade ecológica".[24]

Maa hi, *a árvore da chuva*. Desenho de Davi Kopenawa, 2000.

Assim, essas vozes xamânicas nos fazem entender que a proteção das florestas e o futuro da vida no planeta passam por uma renúncia ao nosso mito utilitarista de uma "natureza" separada da humanidade, da qual seríamos "donos e possuidores" até transformá-la em deserto enquanto, por remorso, museificamos alguns de seus últimos fragmentos "selvagens". Essas vozes nos ensinam também que nossa hierarquização antropocêntrica (e até zoocêntrica) dos seres vivos deve ser desconstruída a fim de dar novamente ao mundo vegetal — ao qual devemos nada menos que a atmosfera — a atenção e a centralidade que lhe cabem desde a origem da vida.

É a esse esforço intelectual que Davi Kopenawa nos incita com benevolência quando declara: "Acho que vocês deveriam sonhar a terra, pois ela tem coração e respira".[25] A aventura onírica a que ele nos convida é audaciosa, sendo do tipo dessas, ardorosas, que Antonin Artaud desejava que permitissem "extrair novas leis".[26] Assim, se não aprendermos com as reversões de perspectiva ontológica desse pensamento xamânico, o cataclismo ecológico que impomos aos povos indígenas e às florestas em que vivem poderia constituir apenas o modelo reduzido daquele a que estamos prestes a submeter toda a humanidade.[27]

14. De uma epidemia a outra

Davi Kopenawa

Depois que os brancos chegaram à nossa floresta, a fumaça de epidemia, *xawara a wakixi*,[1] os seguiu para aqui ficar. Por isso é que desde então estamos o tempo todo doentes. Quando os brancos que são atingidos por ela vêm até nós, eles nos contaminam e depois a epidemia *xawara a* devora todo mundo. Aos olhos dos xamãs, ela é reconhecível por suas emanações amarelas, laranja e vermelhas. É ávida por carne humana. Assim que engole uma de suas vítimas, esta logo morre.[2]

Napë pënɨ ha waroikɨnɨ hwei thë urihiha, xawara a wakixi waroa hëkema. Kua yaro yama kɨ pëɨ xi waripruu xoa. Napë pë rakae huu tëhë yanomae thë pë ɨrao, ɨraikɨnɨ xawara anɨ pree thë pë waɨ. Xapiri thë pë mamokuha a waoto, a pata taamuu axi, hrare, wakɨ. Xawara a naiki mahi. Kua yaro, yanomae thë tuhari tëhë thë rope nomarayu.

Os dois textos a seguir, o do sogro de Davi Kopenawa (L. Yanomami)[3] sobre as epidemias dos primeiros contatos nos anos 1920, e o de Kopenawa, sobre a epidemia de covid-19 em 2020, relatam a experiência das contaminações que não param de afligir os Yanomami desde que os primeiros brancos (*napë pë*) começaram a penetrar na sua floresta, há cerca de cem anos.

XAWARA A, A FUMAÇA DE EPIDEMIA

L. Yanomami

Nossos antepassados moraram primeiro num lugar chamado *Xioma a*. A casa deles ficava no curso médio do rio *Xopata u*.[4] Foi lá que um *napë a*[5] chegou e pela primeira vez os contaminou com uma fumaça de epidemia. Ele a tinha contraído junto aos brancos e a trouxe para nossa aldeia. Pediu uma mulher aos nossos antigos, que a recusaram. Por isso ele os fez morrer com essa primeira *xawara a*.[6]

Todos foram rapidamente atingidos. A pele dos doentes rasgava e eles nem sequer conseguiam urinar. Morreram uns após outros. A aldeia se esvaziou e logo não sobrou mais ninguém. Na ausência de seres humanos, a floresta começou a envelhecer, sozinha. Os ossos dos mortos se perderam sem ter sido postos em esquecimento.[7] A partir daí, começamos a falecer sem medida. Esse mal que contaminou nossos antigos ainda nos ameaça. Continuamos a morrer sem trégua de doenças dos brancos.

Mais tarde, em *Mrakapi*, à beira do rio *Hero u*,[8] nossos antigos voltaram pela primeira vez até sua casa com tosse. Estavam sem nada e tiveram de fazer uma longa viagem pela floresta até os *Watatasi pë*[9] para trocar ferramentas e outras mercadorias dos brancos. Foi assim que levaram para casa a gripe, junto com algumas roupas que tinham conseguido.[10] Os antigos não souberam o que pensar daquela nova epidemia. Perguntaram-se: "De que doença morreremos desta vez?". Os xamãs tiveram a visão do que era essa doença e todos começaram a pensar direito. Quando seu pensamento ficou claro, os antigos arengaram os jovens: "Vocês vão para longe, lá onde os forasteiros estão doentes da tosse, por isso é que nos trouxeram esse mal. Vocês não devem mais fazer essas viagens para longe!". Então, todos pararam as visitas aos *Watatasi pë.*

Bem mais tarde ainda, vivemos em *Werihi sihipi u*[11] e lá, de novo, a *xawara a* dos brancos quase fez todos nós morrermos. Dessa vez, um helicóptero desceu perto de nossa casa e seus ocupantes espalharam uma nova fumaça de epidemia sem que soubéssemos. Todos caíram muito doentes e muitos de nós morreram. Os que sobreviveram abandonaram essa floresta com a raiva e a ansiedade de terem sobrado tão poucos.[12]

Depois passou-se ainda mais tempo e novamente fomos atingidos pela doença dos brancos. Fomos convidados a uma festa. Estávamos todos reunidos na casa da gente do *Hwaya u.*[13] Outros convidados vindos do Catrimani trouxeram uma nova *xawara a* muito perigosa.[14] Então, mais uma vez começamos a morrer e isso realmente acabou de nos dizimar. Por isso é que hoje não há mais antigos entre nós.

Os brancos, assim, nos contaminaram sem parar, desde há muito tempo. Por isso é que os nossos desapareceram, uns após outros. Hoje, basta. Não queremos mais morrer da fumaça de epidemia dos brancos. Já estivemos bastante amedrontados com seu poder de morte. Agora, queremos poder morrer de velhice, como antigamente.

No início, quando *Omama a* acabara de nos criar nesta floresta, nossos antepassados não costumavam adoecer muito. Todos estavam em boa saúde. As pessoas se extinguiam como tições

Yanomami do rio Jundiá (alto rio Catrimani). Expedição G. Salathé, 1929.

quando já estavam muito velhas e tinham ficado cegas e secas. Só as crianças desmamadas antes do tempo morriam facilmente. Os espíritos maléficos da floresta *në wãri pë* devoravam também alguns adultos. Os feiticeiros inimigos *oka pë* também matavam um ou dois anciãos. As pessoas guerreavam, flechando-se de uma aldeia para outra, mas poucas morriam por causa disso.

    Nossos antigos eram felizes assim por não morrerem demais. Naquele tempo, podiam adoecer sem muito temor, os xamãs, que ainda eram numerosos, os protegiam com seus espíritos *xapiri pë* e expulsavam para longe as doenças. Depois as velhas refrescavam seus corpos com banhos de plantas de cura.[15] Era assim que eles se tratavam, antigamente.

COVID-19: O CAÇADOR-CANIBAL E A MONTANHA DO MORCEGO

Davi Kopenawa

Nós, xamãs, usamos outras palavras para o que vocês chamam de "coronavírus". Para nós, trata-se de *Krukuri siki*, "o despojo de *Krukuri a*". Vou dizer por quê. *Krukuri a*, no primeiro tempo, era um caçador faminto de carne humana que devorou um jovem yanomami. É com essa mesma fome, hoje, que o despojo de *Krukuri* devora, por sua vez, os brancos. É o que dizem os espíritos *xapiri pë* dos nossos antepassados. Escutem com atenção, vou contar a história dele. Esse rapaz era muito hábil na caça. *Krukuri a* o invejava e é por isso que queria matá-lo. Portanto, armou-lhe uma cilada convidando-o a trepar numa árvore para caçar com ele ornamentos de penas.[16] Então o degolou e eviscerou. Depois jogou suas vísceras no chão e levantou voo, transformado em coruja, levando o cadáver de sua vítima para devorá-lo à vontade.[17]

Ele voou muito alto e para muito longe até uma serra onde se refugiou em estado de homicida.[18] Cobra, do alto de uma grande árvore, acompanhou seu voo no céu.[19] Os outros antepassados animais puderam então seguir o rastro de *Krukuri a*. E foi Escorpião que, finalmente, o matou para vingar a quem ele devorara. Ele esticou seu arco bem firme e a flecha atingiu o topo da montanha, tão forte que dela se soltou um enorme rochedo que derrubou *Krukuri a*, morto, na floresta. Seu cadáver logo se tornou uma coisa maléfica, impregnado de epidemia canibal. Os antigos então pensaram com sabedoria: "Não se deve guardar o despojo de *Krukuri a* perto de nossa casa! Do contrário ele acabará nos devorando, um a um, sem parar! Devemos enterrá-lo muito longe e muito profundo porque ele é perigoso, é um comedor de homem!". Foi o que fizeram.

Mãe yanomami e seus filhos vítimas de malária e de desnutrição durante a corrida do ouro em Roraima. Fotografia de Milton Guran, 1991.

Os brancos, por sua vez, não pararam de procurar debaixo da terra o que eles chamam de *minérios* com que fabricam seus carros, aviões, televisores, telefones, armas e todo tipo de máquinas pesadas. Para isso cavam buracos muito profundos no chão depois de terem arrancado as árvores da floresta. Foi assim que, sem saber, trouxeram à tona o muito antigo despojo de *Krukuri a* até então enterrado no coração dos *minérios*. Escondido desde o primeiro tempo no fundo da terra, ele mesmo se tornou *minério*. É uma coisa maléfica e muito perigosa, o tempo todo faminto de carne humana, como seu antepassado canibal, *Krukuri a*. É por isso que os brancos não param de morrer dessa epidemia a que também chamamos de *hewë xawara a*, a "epidemia do morcego". A montanha para onde *Krukuri a* fugiu a fim de devorar o jovem caçador e onde ele foi morto por Escorpião se chama *Hewë makɨ*, a Montanha do Morcego.

* * *

Antigamente, muitos de nossos antepassados morreram de epidemia. Assim, eles nos ensinaram a morrer. É por isso que essa nova epidemia não nos assustou tanto, mesmo que ela meta medo nos brancos, ainda que tenham sido eles, mais uma vez, que a trouxeram até nós. Nós, moradores da floresta, já conhecemos esse tipo de mal que devorou muitos dos nossos. Mas desta vez menos morreram,[20] não é como no tempo dos antigos. Por quê? Acho que é porque nosso sangue tem a força do sangue de toda a caça da floresta que comemos: tartarugas, macacos, antas, tamanduás, onças... As imagens dos antepassados animais que os xamãs fazem dançar nos protegeram. Eles não querem que a gente morra tanto quanto antigamente. Despacharam a força dessa epidemia para outro lugar, longe de nós. Os brancos temem tanto essa epidemia porque não conhecem a morte que ela traz. Estão apavorados por morrerem em quantidade tão grande, quando na verdade ela vem deles. Por que ela não nos apavora? Porque o que realmente nos dá medo hoje são os garimpeiros e as mineradoras, os que devastam a terra, desmatam a floresta e envenenam os rios com a lama e o mercúrio; os que empesteiam nossa floresta com a malária que devora todas as nossas crianças sem parar. Por que os brancos não deveriam estar tão surpresos pela morte do que eles chamam de "coronavírus"? Porque são os restos[21] de sua destruição da floresta. É a marca do caminho deles sobre sua terra.

Por isso, essa epidemia é apenas a vingança da floresta. São seus espíritos *xapiri pë* que se vingam porque falta muita sabedoria aos brancos. São essas as palavras que eu quero transmitir. Você pode desenhá-las e dá-las aos outros brancos dizendo: Foi isso que o meu amigo me disse. Os brancos cavaram a terra e derrubaram as árvores da floresta, tiraram de seu solo o despojo canibal do antepassado animal *Krukuri a*, que estava enterrado com os *minérios* desde o primeiro tempo. É assim. Se os grandes homens dos brancos continuarem a maltratar desse jeito a terra e a floresta, no caminho desse "coronavírus" virão muitas outras doenças, ainda mais perigosas, que devorarão de novo uma grande quantidade deles.

É o que dizem os espíritos dos nossos antigos xamãs. Eles não queriam muito que eu divulgasse essas palavras, de medo que os brancos se zanguem conosco por lhes dizer essas coisas, quando eles já sofreram tanto com esse coronavírus. Mas mesmo assim eu lhe dou essas palavras para que você as desenhe no papel e as faça ouvir por todo lado, pois eles devem saber. Está bem?

15. Somos todos "índios"

Bruce Albert

No dia 9 de abril de 2020, o novo vírus Sars-cov-2 fez sua primeira vítima fatal no povo yanomami. Tratava-se de um adolescente de quinze anos, originário de uma comunidade da bacia do rio Uraricoera,[1] no Brasil, invadido maciçamente por garimpeiros clandestinos. Apresentando sintomas respiratórios característicos, o jovem, A. X., desnutrido e anêmico devido a sucessivas crises de malária, foi por 21 dias levado de uma instituição de saúde a outra, com uma simples receita de antibióticos, sem jamais ser submetido a um teste de covid-19. Só foi enfim testado no dia 3 de abril, após mais uma hospitalização, dessa vez em estado crítico, precisando ser intubado, e seis dias depois morreu. A. X., vítima da incúria absurda dos serviços de saúde locais, provavelmente se tornou um "superdifusor" involuntário da doença, em razão dos numerosos contatos que manteve por três semanas com os membros de sua comunidade, com seus amigos e com os profissionais de saúde. A ameaça iminente de mais um desastre sanitário pesava assim, de novo, sobre os Yanomami.[2]

Esse povo já conheceu epidemias mortais (em especial de sarampo e infecções respiratórias) a cada aparecimento de novos protagonistas da "fronteira branca" em seu território:[3] nos anos 1940, com a Comissão de Fronteiras; nos 1950, com o Serviço de Proteção aos Índios; nos 1960, com os missionários evangélicos; e nos 1970, com a abertura de um trecho da Perimetral Norte. Desde o final dos anos 1980, e regularmente, o território yanomami é invadido por hordas de garimpeiros ilegais — hoje são cerca de 25 mil —, os quais muito provavelmente foram a origem desse primeiro caso de covid-19, além de serem habitualmente fonte de propagação da malária, da gripe, da tuberculose e de doenças sexualmente transmissíveis (entre outras).

O caso de A. X. é o símbolo trágico da extrema vulnerabilidade em que se encontram os povos indígenas (e todos os povos autóctones) diante da contagiosidade e da virulência do Sars-cov-2.[4] Já maciçamente contaminados pelos brancos que invadem suas terras para plantar soja, criar gado, extrair minérios, madeira, ou caçar animais selvagens, e sem acesso a uma assistência sanitária decente, eles foram mais uma vez fadados pura e simplesmente à dizimação em meio à indiferença quase geral.

No entanto, em face dessa pandemia algo tinha mudado de repente: também ficamos tão desamparados diante da covid-19 quanto os Yanomami estiveram — e ainda estão — diante das epidemias letais e enigmáticas (*xawara a wai*) que nosso mundo lhes infligiu até hoje. Ainda não sabíamos muita coisa sobre essa doença; não possuíamos remédios nem vacinas para erradicá-la. Portanto, fomos, de repente, reduzidos a nos confinar em casa com nossas famílias na esperança de escapar da doença, com tanta ansiedade e impotência quanto os antigos Yanomami quando se isolavam, no passado, em pequenos grupos na floresta para tentar escapar dos *xawarari pë*, os espíritos canibais da epidemia.[5] Em maio de 2020, quase dois terços da humanidade estavam confinados ao mesmo tempo.[6]

Xawara a, *a fumaça de epidemia*. Desenho de Morzaniel Ɨramari, 1996.

Essa catástrofe sanitária, causada pela emergência de um novo vírus zoonótico provavelmente oriundo do desmatamento e da mercantilização das espécies animais selvagens, deve hoje, mais que nunca, nos dar a pensar. Pela destruição desenfreada das florestas tropicais, de sua biodiversidade e dos povos indígenas que são seus sábios habitantes, o "Povo da mercadoria" que nós somos (conforme a expressão de Davi Kopenawa) torna-se sua própria vítima, voltando para si mesmo as consequências de sua húbris predadora.

Fica assim evidente que o destino funesto que até o presente reservamos aos povos indígenas — cujas terras e cujos recursos continuamos devastando sistematicamente — não terá afinal sido mais que uma prefiguração do destino que hoje infligimos a nós mesmos, desta vez em escala planetária, num verdadeiro frenesi autofágico.[7] Como lembrava com uma sabedoria profética Claude Lévi-Strauss, denunciando o "regime de envenenamento interno"[8] em que se perdeu o *Homo industrialis*: "todos nós, índios doravante, estamos em via de fazer de nós mesmos o que fizemos deles".[9]

16. O rastro dos brancos

Davi Kopenawa

Quero dar minhas palavras tais como elas me vêm à mente. Não são os Yanomami, habitantes da terra-floresta, que enchem o mato e o peito do céu com fumaças de epidemia *xawara a*. São os brancos, a quem chamamos de *napë pë*, que contaminam a terra. É o que eu penso. Eles não parecem se preocupar com o que fazem, mas nós, que conhecemos essas coisas, estamos aflitos. Os brancos ficaram muito numerosos e começaram a destruir a floresta e a sujar os rios. Fabricaram quantidades de mercadorias. Construíram carros e aviões para correrem mais depressa. E para fabricar tudo isso eles cavaram a terra para arrancar as coisas que estão lá nas suas profundezas desde que *Omama a* as escondeu. Foi assim que começaram a espalhar fumaças de epidemia que estragaram a terra e adoeceram seus habitantes.

Omama a, que nos criou, tinha medo das epidemias. No primeiro tempo, as escondeu bem profundo no chão. Apesar disso, os brancos, quando chegaram à nossa floresta, começaram a derrubar as árvores e a cavar a terra em todas as direções para retirar fragmentos de rocha. Eles lhes dão vários nomes: ouro, diamantes, urânio e mais outros. Essas rochas lhes parecem preciosas, mas são perigosas porque trazem a fumaça das epidemias. Por isso é que deveriam ficar enterradas onde estão, ali onde *Omama a* as enfiou. Mas os brancos não param de arrancá-las do chão e de pô-las para cozinhar nas suas fábricas até que a fumaça ruim que delas se solta comece a devorar tudo.

Por isso, as chuvas começaram a cair de um jeito esquisito, que não conhecíamos. Quando os brancos estavam longe de nós, a floresta era bonita e estava em boa saúde. Desde que se tornaram muitos e se aproximaram de nós, ela ficou suja de fumaças de epidemia. Nós, os xamãs, fazemos dançar os espíritos antigos da floresta, por isso é que a conhecemos e protegemos. Nós não nos perguntamos, de repente, como fazem os brancos: "O que está acontecendo com a terra?". Nós sabemos há muito tempo o que vai mal e que não é por causa da nossa marca nesse chão. Se fosse, nos esforçaríamos em consertar logo!

O antepassado que criou a floresta, *Omama a*, também nos trouxe à existência para cuidarmos dela. Não nos criou para destruí-la! Somos seus filhos e, por isso, não podemos devastá-la como os brancos. Nós habitamos na floresta, nas suas colinas e nos seus rios muito tempo antes da chegada dos brancos. Por isso é que cuidamos dela com muita atenção. Os xamãs estão sempre preocupados com o estado da floresta. Quando ela adoece, "bebem" o pó *yãkoana a* e se esforçam para curar os males de que ela sofre. Os brancos, ao contrário, parecem não querer cuidar dela. São essas palavras de sabedoria que queremos dar para vocês. A maioria dos brancos não vai escutá-las, eu sei. Não vão dizer: "Os Yanomami têm razão. Vamos parar antes que toda a floresta seja destruída!". Mas, mesmo se for esse o caso, eu quero fazer ouvir estas palavras.

Nós, Yanomami, estamos muito preocupados porque os brancos só pensam em remexer na terra e em queimar as árvores da

Pista da base militar de Surucucus, Roraima. Fotografia de Claudia Andujar, 1989.

floresta. Eles não têm nenhuma amizade por ela, não a querem. Arrancam sem parar das profundezas do chão as coisas que usam para fabricar suas mercadorias. É o que eles chamam de *minérios* com que fabricam seus televisores, telefones, todas as suas armas e máquinas. Eles os queimam e enchem assim o peito do céu de fumaças de epidemia que, transformadas em doenças perigosas, afetam todo mundo. A floresta também adoece com essas fumaças: suas árvores morrem pouco a pouco, como suas águas e seus animais. São coisas que nós entendemos. Nós nos perguntamos: "Por que os grandes homens dos brancos não falam entre si sabiamente para parar de maltratar a terra assim? Por que querem continuar nesse caminho escuro?". Eles já têm mercadorias suficientes, chega! Mas, apesar disso, não param de arrancar do chão essas coisas brilhantes, pedras e metais, para fabricar seus objetos cobiçados. É o que preferem entre todas as coisas: é por isso que estragam e sujam nossa terra!

Eles não sabem cuidar da floresta e não querem. Contentam-se em pensar: "A floresta cresceu sozinha, sem motivo, e nós somos os donos da mercadoria, portanto vamos continuar a fabricar ainda muito mais, sem fim!". Então, cavam o chão, cortam as árvores e queimam tudo ao passarem. Depois disso, todos começaram de repente a falar em "mudança climática"! Nós, xamãs, escutamos essas palavras dos brancos. Mas não gostamos delas. O que vocês nomeiam assim não vem do nosso rastro na terra! Nós, habitantes da floresta, não a maltratamos. Não a desmatamos sem medida. Toda essa devastação é a pegada dos brancos, o traço deles no chão da terra. É o que queremos dizer a vocês. Os brancos não têm sabedoria e não pensam muito longe.

Por isso, uma vez que a voz de minhas palavras for desenhada em palavras numa pele de papel, escutem-nas! Jovens mulheres e jovens homens, os mais velhos também, escutem-nas! Depois disso, comecem a pensar: "*Haixopë!* É assim que falam os habitantes da floresta e é o que os preocupa realmente!". Por que estamos preocupados? Nós nos perguntamos: "Quando todas essas espessas fumaças de epidemia dos brancos subirem tão alto no peito do céu e os trovões começarem a morrer, o que será da floresta?". É isso que nos deixa preocupados. Não existe remédio para curar a terra e lhe devolver sua beleza. Se vocês, brancos, matarem a floresta, não serão capazes de criar outra, nova e limpa! Quando tiverem arrancado todas as coisas brilhantes do interior da terra: o ouro, os diamantes, os *minérios*, mas também os líquidos para fazer o fogo de seus motores, quando tiverem derrubado todas as árvores e matado todos os animais; quando tudo isso tiver desaparecido, a terra vai ficar morta.

Nós, que vivemos na floresta, sabemos essas coisas. Vemos os dias que não amanhecem e as auroras cheias de fumaça. Vemos, de

Pista clandestina e jazidas no alto rio Mucajaí (pista Jeremias). Fotografia de István van Deursen Varga, 1989.

noite, a lua que fica avermelhada e enfumaçada também. Vemos a chuva que não cai mais, ou muito pouco. Depois de um tempo ela volta, mas desta vez em chuvaradas que não acabam mais. A floresta começa a mostrar a sua raiva. Começa de repente a secar e a queimar por toda parte ou, ao contrário, a se cobrir de água sem parar. Então, nós, xamãs, devemos fazer nosso trabalho para ajudá-la a conter esses movimentos de raiva. É só quando ela se aquieta que podemos viver ali, sem perigo, e não só nós, os brancos também. Mas quando todos os habitantes da floresta tiverem desaparecido e todos os xamãs tiverem morrido, quando os brancos comedores de terra tiverem matado todas as árvores e os rios, reduzido seu chão a buracos lamacentos, vocês também sofrerão.

Somos os filhos de *Omama a*, e é por isso que queremos proteger a floresta que ele criou e onde continuamos a viver. Nossa maneira de trabalhar é diferente da dos brancos. Nossos rastros na floresta a deixam em toda a sua beleza. Não a desmatamos e não a queimamos sem medida, em todo lugar. Deixamos suas águas sem sujeira e não cavamos seu chão como tatus gigantes. Ela fica limpa e clara, cheia de caça e de peixe. São essas as minhas palavras. Uma vez desenhadas, espero que os que as escutarem poderão pensar: "Sim! É bem assim que falam os filhos dos antigos habitantes da floresta! São suas verdadeiras palavras! Não foram eles que criaram essa coisa má de 'mudança climática', é a nossa própria pegada no chão da terra! Nossos antigos realmente careceram de sabedoria!". Se pensarem isso depois de terem prestado atenção nesses desenhos de minha voz, ficarei feliz. Essa é a minha fala, acabou.

ANEXOS

Bruce Albert

1. Os Yanomami no Brasil

No fim do século XIX, os Yanomami ainda mantinham no Brasil relações de guerra ou de troca com uma dúzia de etnias das vizinhanças: ao norte, grupos caribes ou isolados (Ye'kwana, Purukoto, Marakana, Maku, Pauxiana, Awaké e Sapé); ao sul, grupos aruaques (Mandawaka, Kuriobana, Baré, Bahuana e Yabahana). Seus primeiros contatos episódicos com os brancos, às margens de seu território, ocorreram nos decênios iniciais do século XX (1910-40, dependendo das regiões), em especial com os extrativistas de produtos florestais (como o látex de balata, as fibras da palmeira-piaçaba ou as castanhas-do-pará), com os militares da Comissão Brasileira Demarcadora de Limites (CBDL), agentes do Serviço de Proteção aos Índios (SPI) ou com viajantes estrangeiros, geógrafos e etnógrafos, como Theodor Koch-Grünberg (1872-1924).

A abertura de postos do SPI nos anos 1940 e 1950, em geral apoiando expedições fronteiriças da CBDL, e depois, nos 1960, das missões evangélicas de origem americana (New Tribes Mission, Unevangelized Fields Mission, Baptist Mid-Missions) ou católicas, italianas (Salesianos, Consolata), progressivamente estabeleceu os primeiros pontos de contato permanente no que se tornaria, a partir daí, a periferia do território yanomami. Esses diversos estabelecimentos constituíram então, aos poucos, focos de concentração demográfica e de sedentarização nas regiões em que foram implantados, pelo fato de garantirem aos Yanomami a distribuição regular de objetos manufaturados cobiçados e, em especial, de ferramentas metálicas. Muito depressa também serviram de porta de entrada para uma sucessão de epidemias de doenças infecciosas (sarampo, coqueluche, gripe etc.), a que os Yanomami, até então muito isolados, mostraram-se especialmente vulneráveis, e que se revelaram, assim, muito letais. Durante essas epidemias, as comunidades próximas dos postos indigenistas ou missionários puderam receber ao menos alguns cuidados que limitaram as perdas demográficas, enquanto grupos mais isolados iam sendo sistematicamente dizimados.

Os contatos regulares ou permanentes dos Yanomami com os extrativistas e os postos indigenistas ou missionários prosseguirão no conjunto de seu território até o início dos anos 1970. Mas os projetos de ocupação da Amazônia que emanaram dos governos da ditadura militar da época logo jogaram o território yanomami numa era de contatos muito mais intensos com a fronteira econômica nacional, em especial no oeste do que ainda era o território federal de Roraima. Assim, desde 1973, um trecho de 235 quilômetros da rodovia Perimetral Norte (BR-210) atravessou a parte meridional desse território, no quadro do Plano de Integração Nacional lançado em 1970 pelo governo do general Médici (1969-74), visando a uma nova política de controle e povoamento da região amazônica. No fim do decênio, programas de colonização agrícola foram implantados ao longo do início desse eixo rodoviário, em seguida à instalação de mais um plano de desenvolvimento amazônico dos militares, o projeto Polamazônia, dessa vez impulsionado pelo governo do general Geisel (1974-9). A abertura dos canteiros de obras rodoviárias e depois o afluxo de colonos foram a origem de um choque epidemiológico sem precedentes para os Yanomami, causando novas e consideráveis perdas demográficas.

O projeto megalômano da rodovia Perimetral Norte, aberta na fronteira do Brasil com a Venezuela por cerca de mil quilômetros, foi subitamente abandonado no princípio de 1976, por falta de financiamentos internacionais. Só restaram na floresta yanomami alguns trechos de pista de terra avermelhada, logo invadidos pela vegetação tropical, e uma situação de degradação social crônica entre as comunidades yanomami da região do rio Ajarani onde sua abertura fora iniciada em 1973 e onde tinham se estabelecido os primeiros colonos.

O governo militar da época também empreendeu um inventário sistemático dos recursos minerais, florestais e agrícolas da Amazônia (Projeto Radam), que evidenciou, em 1975, o potencial mineral da serra Parima, centro histórico do povoamento yanomami. A divulgação dessas prospecções logo provocou na região uma invasão de mineiros artesanais atraídos pela exploração a céu aberto da cassiterita (dióxido de estanho). Alguns anos depois, a descoberta de jazidas auríferas aluviais nas terras altas yanomami trouxe uma torrente de garimpeiros que não parou de se intensificar nos anos 1980, acabando por constituir a mais espetacular corrida do ouro do século xx. Assim, entre 1987 e 1990, nada menos que noventa pistas de pouso improvisadas foram abertas nas nascentes dos principais afluentes do alto rio Branco e os garimpeiros instalados na região ultrapassaram os 40 mil.

Durante todo esse período as relações de troca, de trabalho e de conflito com os garimpeiros constituíram a forma de contato predominante dos Yanomami com os brancos. Mas, dessa vez, num contexto de desequilíbrio demográfico inverso ao de outrora: o contingente de garimpeiros representava cinco vezes a população dos Yanomami em Roraima, cujas terras eles tinham invadido. Essa invasão maciça teve novas e desastrosas consequências epidemiológicas e ecológicas, em escala ainda mais considerável que a dos projetos rodoviários e de colonização agrícola dos anos 1970. Em apenas três anos, o desenvolvimento epidêmico da malária e das infecções respiratórias agudas provocou a morte de cerca de 13% dos Yanomami das terras altas de Roraima. A devastação e a poluição (mercúrio, combustíveis, lixo) dos afluentes do curso superior dos principais rios da região pelas atividades de garimpo causaram, além disso, tamanha degradação do meio natural que as comunidades yanomami foram privadas do essencial de seus meios de subsistência, agravando mais ainda a situação sanitária já deplorável.

A partir de 1990, depois do escândalo de repercussão internacional causado pela dizimação dos Yanomami, várias operações de expulsão dos garimpeiros lançadas pelo governo da época, em geral com grande espalhafato na mídia, acabaram, ainda assim, por diminuir o afluxo dos garimpeiros clandestinos no oeste de Roraima. Mas desde essa época grupos de garimpeiros irredutíveis jamais abandonaram suas atividades nas terras altas yanomami. A presença endêmica do garimpo clandestino continuou, durante decênios, a submeter as comunidades yanomami dessas regiões isoladas a violências armadas e a riscos sanitários crônicos. Nos últimos anos, favorecida pela elevação do preço do ouro no mercado internacional e pelo advento e encorajamento oficial do governo Bolsonaro, a pilhagem e a devastação do território yanomami conheceram uma recrudescência exponencial. Cerca de 25 mil garimpeiros estão novamente em plena atividade, reeditando as cenas trágicas do fim dos anos 1980, de devastação ecológica, violência e contaminação e, para completar, desta vez em plena pandemia de covid-19 e com o envolvimento crescente do crime organizado.[1] Além disso, apesar de sua homologação em 1992, 54% da área das terras yanomami estão cobertas por mais de seiscentos requerimentos ou títulos minerários registrados no Ministério das Minas e Energia por diversas empresas públicas ou privadas, nacionais ou multinacionais. Por fim, a extensão progressiva da colonização fomentada na região desde o final dos anos 1970 pelas agências agrárias federais e locais provocou em seu rastro um vasto movimento espontâneo de ocupação e de desmatamento que hoje se sobrepõe amplamente ao sudeste do território yanomami, causando estragos cada vez mais sérios. Assim, além do uso predador dos recursos da floresta, os colonos, recorrendo a desmatamentos e a queimadas em grande escala, numa região em que as estações secas são cada vez mais acentuadas, provocam periodicamente gigantescos incêndios que afetam de forma duradoura a floresta e sua biodiversidade.

2. A casa coletiva de *Watoriki*

Os "habitantes da Montanha do Vento", os *Watoriki thëri pë*, constituem um dos cerca de 371 grupos locais yanomami existentes atualmente no Brasil. É nessa casa coletiva que vivem Davi Kopenawa e sua família desde o fim dos anos 1970. *Watoriki* fica no extremo nordeste do estado do Amazonas, entre a bacia do rio Catrimani (tributário do rio Branco), a leste, e a do rio Demini (afluente do rio Negro) a oeste. Acha-se, assim, nas terras baixas que, em direção ao sul, sucedem-se às elevações da serra Parima, fronteira natural entre a Venezuela e o Brasil. Situada a menos de duzentos metros de altitude, essa casa-aldeia fica encostada a um conjunto de colinas escarpadas e picos rochosos que culmina a mais de setecentos metros: a serra do Demini.

A região é coberta por uma floresta tropical de terra baixa característica da Amazônia e do planalto das Guianas, formado por uma densa cobertura de árvores de porte médio encimadas por indivíduos esparsos de algumas espécies de tamanho espetacular como a maçaranduba (*Manilkara huberi*), a cedrorana (*Cedrelinga cateniformis*), a sumaúma (*Ceiba pentandra*), o jatobá (*Hymenaea parvifolia*) ou a castanheira-do-pará (*Bertholletia excelsa*). O sub-bosque é em geral bastante aberto, a não ser nas baixadas, ocupadas por espessas colônias de palmeiras de frutos muito apreciados.[1] Nas colinas a vegetação é mais esparsa e mais baixa em função dos acentuados declives, e alguns despenhadeiros ou picos são totalmente nus. Os solos da região costumam ser solos ferralíticos vermelhos ou amarelos de textura argilosa, comuns nas florestas tropicais, que apresentam também zonas arenosas nos locais onde afloram grandes rochedos ou colinas.

A comunidade de *Watoriki* estabeleceu-se na sua localização atual em 1993, quando contava 89 habitantes. Hoje contam-se 206 (quase 60% têm menos de vinte anos), entre eles cerca de quinze xamãs. A maioria de seus membros continua a viver na mesma ampla casa coletiva (127 pessoas), mas três outras pequenas casas-satélites foram construídas nos arredores, com respectivamente dezenove (Hwai Hwai), 26 (Ponte Quebrada) e 34 (Buriti) habitantes. A estrutura e a cobertura da casa principal foram regularmente renovadas no mesmo local durante esse longo período. Cercada por uns trinta hectares de roças essencialmente plantadas de bananeiras e mandioca, ela se situa perto do final do trecho da Perimetral Norte aberta no sudeste do território yanomami em 1973 e abandonada em 1976, e desde então, em grande parte, retomada pela floresta. Um pedaço do traçado dessa rodovia, transformada em pista de pouso (quilômetro 211, 1° 30' 48" N, 62° 49' 22" O), constitui o único acesso, aéreo, a partir da região em Boa Vista (a cerca de 280 quilômetros), capital de Roraima. Ao longo dessa pista, distante 2,5 quilômetros a leste da grande casa coletiva de *Watoriki*, encontra-se o posto Demini da Funai, cuja responsabilidade foi entregue nos anos

1980 a Davi Kopenawa. Hoje, é essencialmente um dispensário da Secretaria Especial de Saúde Indígena (Sesai).

A casa coletiva principal dos *Watoriki thëri pë* apresenta-se na forma de uma imponente estrutura anular com cerca de setenta metros de diâmetro.[2] Esse abrigo circular rodeia uma ampla praça central aberta (*yano a miamo*) e é fechado na parte externa por uma pequena parede de ripas de madeira de cerca de 1,25 metro de altura. A habitação, coberta de folhas de pequenas palmeiras *Geonoma baculifera*, foi construída numa clareira (*yano a roxi*) suficientemente vasta para se manter protegida das quedas das grandes árvores da floresta adjacente. Seus ocupantes são distribuídos em cerca de trinta grupos familiares instalados lado a lado sob o teto circular, cada um possuindo um espaço próprio onde são penduradas as redes de seus membros ao redor de uma fogueira que praticamente nunca se extingue: fogo de cozinha de dia, fogo para aquecer de noite.

A casa possui quatro entradas principais (*pata yoka*) que são, no interior, separadas dos lares contíguos por pequenos corredores de ripas de tronco de palmeira. Tais aberturas são em geral chamadas de "porta do caminho" (*periyo yoka*), "porta da roça" (*hutu yoka*), "porta da caça" (*rama yoka*), "porta dos convidados" (*hwama yoka*), por onde entram os visitantes das aldeias aliadas, ou "porta dos forasteiros" (*napë yoka*), que leva ao posto de saúde. Outras portas (*wai yoka*), muito menores e de uso diário, permitem que os membros dos diferentes grupos familiares saiam da casa de modo mais discreto.

O chão da habitação é de terra batida e a água da chuva, que pode se acumular em grande quantidade na praça central durante as tempestades tropicais, é evacuada no exterior por dois pequenos canais de drenagem. Seu telhado circular é formado por duas águas: uma vertente principal que cobre o espaço dos lares, inclinada para a clareira externa, e uma vertente mais curta dando para a praça central. O telhado principal, cuja parte mais alta está a cinco metros do chão, sobrepõe-se ligeiramente ao teto secundário em inclinação inversa, para evitar que chova dentro da casa pela junção entre eles, enquanto a fumaça dos fogareiros pode escapar livremente. O espaço coberto pelo teto principal constitui uma faixa circular de cerca de dez metros de largura, sendo que se usa pouco menos da metade como espaço de moradia stricto sensu. Esse espaço doméstico anular é subdividido em três faixas concêntricas. A primeira (*yano a xikã*) é um espaço essencialmente feminino entre o fundo da casa e o círculo em que estão penduradas as redes das mulheres. Elas guardam ali lenha, panelas de água e cestos. Ali também se encontram as prateleiras de madeira de palmeira que servem para guardar a comida, os utensílios e as ferramentas. A faixa concêntrica adjacente (*yahi a* ou *nahi a*) constitui o espaço familiar onde ficam as redes dos casais e dos filhos instaladas em torno de uma fogueira. O espaço coberto situado entre as fogueiras familiares e a praça central da casa (*yano a hehã*) é em geral reservado a atividades políticas e rituais (reuniões masculinas, dança de apresentação dos convidados, preparo dos alimentos cerimoniais, sessões xamânicas), embora na vida cotidiana ele sirva para todos de corredor de circulação entre os lares. Por fim, a praça central, essencialmente reservada às atividades cerimoniais durante as festas funerárias de aliança intercomunitária (*reahu*), serve também, no dia a dia, de área de brincar para as crianças pequenas e para os adolescentes apaixonados por futebol.

A parede externa da casa, em geral feita de ripas de tronco de palmeira paxiúba (*Socratea exorrhiza*), protege seus habitantes contra o vento e a friagem da noite. Sua abertura circular central deixa penetrar, sob o vasto teto, uma luz difusa que banha discretamente os lares domésticos, enquanto a altura de seu telhado de folhas mantém uma temperatura agradável, mesmo nos dias mais quentes. Assim, o interior da grande casa coletiva de *Watoriki* dá, tanto para seus moradores como para seus visitantes, uma impressão harmoniosa de amplidão e intimidade que faz dela um espaço ao mesmo tempo confortável e aconchegante.

3. Os psicotrópicos yanomami

Os dois principais pós inalados pelos xamãs yanomami são confeccionados a partir da resina da casca de árvores do gênero *Virola* (*yãkoana a*) e de sementes da árvore *Anadenanthera peregrina* (*paara a*). Essas duas plantas contêm alcaloides indólicos derivados da triptamina, substância responsável por suas propriedades psicotrópicas. Elas são usadas com a mesma finalidade por diversos povos indígenas da Amazônia. A dimetiltriptamina (DMT) possui uma estrutura química próxima da de um neurotransmissor, a serotonina, e age fixando-se em alguns de seus receptores. Seus efeitos psíquicos são próximos daqueles do LSD.

Os pós *yãkoana a* e *paara a* são ministrados ao xamã por outro homem, xamã ou não, que os sopra em suas narinas com a ajuda de um tubo de sessenta a noventa centímetros de comprimento chamado *horoma a*. Esses tubos são fabricados com caules esvaziados das pequenas palmeiras de mesmo nome — *horoma si* (*Iriartella setigera*) —, mas muitos xamãs também usam como inaladores pedaços de canaflechas (*Gynerium sagittatum*). Na ponta desses tubos está colada com resina uma ponteira nasal formada por meia amêndoa furada de palmeira *õkora si* (*Attalea maripa*).

A resina na origem do pó *yãkoana a* é obtida a partir de faixas de casca da árvore *yãkoana hi* (um gênero florestal de porte médio da família das moscadeiras) expostas no alto do fogo. O calor das chamas faz a parede interna da casca soltar um líquido vermelho escuro e pegajoso que em seguida é raspado, seco e pulverizado. O pó *paara a* é obtido a partir das sementes de uma pequena árvore da família das leguminosas que às vezes se encontra na orla da floresta ou nas clareiras (*paara hi*). Essas sementes marrons, redondas, chatas e onduladas são torradas, depois trituradas e peneiradas para se obter o pó a inalar.

Os xamãs de *Watorikɨ* utilizam basicamente a resina de *Virola* para confeccionar o pó psicotrópico que usam com regularidade, já que a árvore *Anadenanthera peregrina* não cresce na região. Mas sementes de *paara hi*, que fornecem, segundo eles, um pó ainda mais poderoso, são às vezes obtidas por meio de trocas com comunidades aliadas durante festas intercomunitárias *reahu*; comunidades que por sua vez as adquirem no fim de longas viagens até as terras altas onde essas árvores crescem.

Os moradores de *Watorikɨ* diferenciam três tipos de resinas de *Virola*: *yãkoana a*, *haare a* e *xioka a*. A primeira é a mais comumente usada. A segunda tem fama de ser muito poderosa e contam-se casos de mortes após sua inalação, provavelmente por jovens que não estavam acostumados com esses psicotrópicos mas os usaram, como reza o costume para todos os homens, no final das festas *reahu*. A terceira tem a reputação de ser mais fraca e provocar fortes irritações das vias nasais.

Por fim, algumas plantas são usadas para reforçar as qualidades do pó *yãkoana a*: as cinzas de casca de árvores como a *ama hi* (*Elizabetha leiogyne*) e a *amatha hi* (*Duguetia lepidota*). As folhas secas e pulverizadas de uma pequena planta herbácea chamada *maxara hana kɨ* (*Justicia pectoralis*), cujo cultivo nas roças é reservado a esse uso, constituem outro ingrediente habitual. As propriedades químicas de tais aditivos até hoje não foram elucidadas. É possível que o benefício das cinzas de cascas de árvores seja, ao menos em parte, mecânico, impedindo a aglomeração do pó *yãkoana a* num clima fortemente úmido. Mas também é possível que sua alcalinidade seja propícia a ativar seus componentes psicotrópicos. As folhas de *J. pectoralis* são sobretudo usadas, provavelmente, pelas propriedades aromáticas, pois o *yãkoana a* tem um cheiro bastante desagradável.

Hutukara
Associação Yanomami

Nós, Yanomami, escolhemos este nome porque Hutukara é que nos mantém vivos, juntamente com os rios e a floresta. Hutukara nos dá a vida, como fez com nossos antepassados antes de nós. Por isso nós a defendemos. É isto que significa Hutukara. [...] No primeiro tempo, Hutukara — o céu original — caiu sobre a terra para formar a terra-floresta onde andamos hoje. Por isto escolhemos este nome. É o nome do mesmo céu-terra que Omama a, *nosso criador e o do mundo, consolidou e deixou aos nossos antigos desde a origem. Nós fundamos nossa associação com esse nome para defender a floresta.*[1]

Hutukara Associação Yanomami (HAY) é uma associação sem fins lucrativos que congrega todas as comunidades da Terra Indígena Yanomami, homologada por decreto do presidente da República em 1992. Foi fundada em 2004 na comunidade de *Watoriki*, ao pé da Montanha do Vento, a serra do Demini, estado do Amazonas. Tem como finalidade a defesa dos direitos territoriais, sociais e culturais dos povos yanomami e ye'kwana. Davi Kopenawa é seu presidente fundador.

Rua Capitão Bessa, 143
Boa Vista, Roraima 69306-620
Brasil
www.hutukara.org
+55 (95) 3224-6767

Agradecimentos

Que recebam aqui meus calorosos agradecimentos:

Davi Kopenawa, amigo de quase 45 anos, que, mais uma vez, aceitou dividir seu precioso testemunho para este novo livro a quatro mãos sobre a beleza e a vulnerabilidade da terra-floresta yanomami, cuja multiplicidade de imagens e vozes os xamãs sabem tão sutilmente perceber.

Hervé Chandès, que há vinte anos inventou e estimulou este ciclo de intercâmbios yanomami com a Fundação Cartier para a Arte Contemporânea, e sem cujas perspicácia e amizade os improváveis encontros que alimentaram este livro não poderiam ter acontecido.

Adeline Pelletier, mestre de obras da editora da Fundação Cartier, que apoiou este projeto de publicação na França com tantos esforços tão amistosos quanto eficazes.

Sabah Rahmani e Stéphane Durant, que acolheram generosamente a versão original deste livro na Actes Sud, para inaugurar — grande honra — sua magnífica coleção Vozes da Terra.

Emanuele Coccia, por seu belíssimo prefácio e pela poética de sua reflexão filosófica, sempre fonte de inspiração.

Ricardo Teperman, que se empenhou com paciência e determinação para a publicação da versão brasileira deste livro pela Companhia das Letras.

Rosa Freire d'Aguiar, pelo privilégio de sua elegante tradução.

Last but not least, meu imenso reconhecimento vai, é claro e antes de tudo, à memória de todos os "grandes homens" (*pata thë pë*) yanomami que me acolheram com tanta generosidade e benevolência quando eu tinha apenas vinte e poucos anos (no início da década de 1970) e me transmitiram ao longo dos anos seu saber sobre a floresta e seus habitantes, humanos e não humanos, a fim de que eu pudesse fazê-lo ouvir e ressoar no mundo enigmático e destruidor dos *napë pë* (os brancos) que, então, começava apenas a avançar em direção a eles.

Bruce Albert

Notas

PREFÁCIO [pp. 11-22]

1. Davi Kopenawa e Bruce Albert, *A queda do céu*, p. 483. Livro publicado também em inglês, italiano e, em breve, em alemão, coreano e espanhol.

2. Claude Lévi-Strauss, *O pensamento selvagem*, p. 121.

3. Ibid., p. 133.

4. Davi Kopenawa e Bruce Albert, *La Chute du ciel: Paroles d'un chaman yanomami*. Paris: Plon, 2010.

5. Resenha do livro, por José Antonio Kelly Luciani, *Journal de la Société des Américanistes*, v. 97, n. 1, pp. 339-57, 2011.

6. Eduardo Viveiros de Castro, "O recado da mata", prefácio da edição brasileira, publicada em 2015.

7. Desse ponto de vista, os livros de Albert e Kopenawa são os primeiros a integrar as inúmeras e pesadas críticas da abordagem etnofilosófica oriundas da antropologia africana e a crítica da escrita etnográfica proposta por James Clifford e George E. Marcus. Para um resumo da primeira, ver Séverine Kodjo-Grandvaux, "Philosophies africaines", em *Présence africaine*. Sobre a segunda, ver James Clifford e George E. Marcus, *Writing Culture: The Poetics and Politics of Ethnography*.

8. Bruce Albert, "Écrire 'au nom des autres': Retour sur le pacte ethnographique", em P. Erikson (Org.), *Trophées: Études ethnologiques, indigénistes et amazonistes offertes à Patrick Menget*, v. 1: *Couvade, terrains et engagements indigénistes*, pp. 109-18.

9. A esse respeito, ver Bruce Albert, "'Ethnographic Situation' and Ethnic Movements: Notes on Post-Malinowskian Fieldwork", *Critique of Anthropology*, v. 17, n. 1, pp. 53-65, 1997.

10. Bruce Albert, "Anthropologie appliquée ou 'anthropologie impliquée'?", em Jean-François Baré (Org.), *Les Applications de l'anthropologie: Un essai de réflexion collective depuis la France*, pp. 87-118.

11. José Antonio Kelly Luciani, *Journal de la Société des Américanistes*.

12. Roy Wagner, *Lethal Speech: Daribi Myth as Symbolic Obviation*, p. 38.

13. Bruce Albert, "Anthropologie appliquée ou 'anthropologie impliquée'?".

14. Roy Wagner, "The Rising Ground", *Hau: Journal of Ethnographic Theory*, v. 4, n. 2, pp. 297-300, 2014.

15. Emmanuel de Vienne, "A Shamanic Bible and its Enunciation", *Hau: Journal of Ethnographic Theory*, v. 4, n. 2, pp. 311-7, 2014.

16. Claude Lévi-Strauss e Didier Éribon, *De perto e de longe*, p. 178.

17. Davi Kopenawa e Bruce Albert, *A queda do céu*, p. 480.

18. Ibid., p. 483.

19. Ibid., p. 484.

20. Ver infra, p. 442.

21. Ver infra, pp. 44-5.

22. Ver infra, p. 136.

PRÓLOGO [pp. 23-7]

1. A Fundação Cartier para a Arte Contemporânea contribuiu, durante todos esses anos, com seu apoio midiático e financeiro para a defesa do território e das tradições yanomami, numa parceria com organizações não governamentais no Brasil, tais como a Comissão Pró-Yanomami (Boa Vista), o Instituto Socioambiental (São Paulo) e a Hutukara Associação Yanomami (Boa Vista). Em 2020, a Cartier Philanthropy também financiou um importante projeto de assistência médica destinada às comunidades yanomami afetadas pela pandemia de covid-19.

2. Fonte: Sesai/DSEI Yanomami 2022.

3. Fonte: Boletim do Sistema de Monitoramento do Garimpo Ilegal da Terra Indígena Yanomami 33, setembro de 2022 (ISA/Hutukara). Ver o documento da Hutukara Associação Yanomami e da Associação Wanasseduume Ye'kwana, de abril de 2022: "Yanomami sob ataque: Garimpo ilegal na Terra Indígena Yanomami e propostas para combatê-lo". Disponível em: <https://acervo.socioambiental. org/sites/default/files/documents/yad00613.pdf>. Acesso em: 21 set. 2022.

2. UM MUNDO CUJO NOME É FLORESTA [pp. 33-53]

1. O título deste capítulo inspira-se no romance de Ursula K. Le Guin, *The Word for World Is Forest*, para o qual me chamou a atenção uma nota do livro de Déborah Danowski e Eduardo Viveiros de Castro, *Há mundo por vir? Ensaio sobre os medos e os fins*, p. 100, 116n. A notar que Ursula K. Le Guin é filha dos famosos antropólogos americanos Alfred e Theodora Kroeber.

2. Claude Lévi-Strauss, "La Politique étrangère d'une société primitive", *Politique étrangère*, v. 14, n. 2, pp. 139-52, 1949.

3. Bruno Latour, *Où suis-je? Leçons du confinement à l'usage des terrestres*, p. 107.

4. Carta de 9 de agosto de 1977.

5. Sobre o período evocado, ver Davi Kopenawa e Bruce Albert, *A queda do céu*, pp. 516-9 e 523-4.

6. A cronologia da saga fotográfica de Claudia Andujar entre os Yanomami do rio Catrimani desde 1971 está minuciosamente descrita no catálogo da exposição Claudia Andujar. La Luta Yanomami.

7. Carta de 14 de setembro de 1977.

8. Carta do padre Giovanni Saffirio (missão Catrimani) de 6 de janeiro de 1977. O rio Mapulaú é afluente do rio Demini (bacia do rio Negro).

9. O funcionário em questão já expulsara da região, em fevereiro de 1976, a equipe do Plano Yanoama, programa de assistência aos Yanomami da Universidade de Brasília do qual eu então fazia parte (ver Davi Kopenawa e Bruce Albert, *A queda do céu*, p. 519).

10. Desde 1964 o Brasil estava sob o jugo da ditadura militar, comandada entre 1974 e 1979 pelo general Ernesto Geisel.

11. Agradeço a Carlo Zacquini, cujas anotações preciosas me permitiram captar mais exatamente a memória desse período (e-mails de 28 de maio e de 1º de junho de 2019). Cheguei à missão Catrimani em 28 de fevereiro de 1978 e Claudia, em 2 de março, para tornar a partir no dia 7.

12. Memelia Moreira, especialista de assuntos indígenas no *Jornal de Brasília* que na época me hospedava generosamente.

13. Em nome da Comissão Pró-Índio recém-criada em São Paulo (out. 1978).

14. Os últimos sobreviventes desses povos desapareceram bem no início do século xx, a não ser os Ye'kwana (So'to), de língua caribe (cerca de seiscentas pessoas no Brasil e 8 mil na Venezuela).

15. Em versões mais recentes desse relato, com uma vara de metal.

16. Sobre esses diferentes relatos, ver M202, M210 e M211 (recolhidos pelo autor), em Johannes Wilbert e Karin Simoneau (Orgs.), *Folk Literature of the Yanomami Indians*.

17. O nome desses espíritos vem do termo *yorohi ki*, que designa o invólucro funerário de ripas de madeira e cipós em que os defuntos yanomami são pendurados na floresta.

18. Ver Johannes Wilbert e Karin Simoneau (Orgs.), *Folk Literature of the Yanomami Indians*, M7 e M13.

19. Ver Davi Kopenawa e Bruce Albert, *A queda do céu*, cap. 24.

20. De *yaro*, "caça", e -*ri*, "sobrenatural, monstruoso, excessivo", com o plural *pë*.

21. De *në wãri*, "valor de mal", e *kiki*, plural de conjunto.

22. Os cognatos são, no vocabulário antropológico, o conjunto dos indivíduos aparentados tanto — e indiferentemente — pelos homens como pelas mulheres.

23. Numerosas variantes são possíveis: um conjunto de pequenas casas coletivas, uma grande casa coletiva principal e várias casinhas-satélites, e mais raramente um conjunto de pequenas casas retangulares.

24. Seguido de um topônimo, ou, mais raramente, de um nome de antigo líder.

25. Ver Bruce Albert e François-Michel Le Tourneau, "Ethnogeography and Resource Use among the Yanomami: Toward a Model of 'Reticular Space'", *Current Anthropology*, v. 48, n. 4, pp. 584-92, 2007.

26. Isto é, uma iteração da mesma estrutura do global ao local.

27. Ver o exemplo analisado por Keith Basso utilizando esse conceito de "tempo--espaço" que vem de Mikhail Bakhtin, "'Stalking with Stories': Names, Places, and Moral Narratives among the Western Apache", em Edward M. Bruner (Org.), *Text, Play, and Story: The Construction and Reconstruction of Self and Society*, pp. 19-53.

28. Expressão tirada de Klara Kelley e Harris Francis, "Traditional Navajo Maps and Wayfinding", *American Indian Culture and Research Journal*, t. xxix (2), pp. 85-111, 2005, citado por Tim Ingold, *Une Brève Histoire des lignes*, p. 118.

29. Ver Gilles Deleuze e Félix Guattari, *Capitalisme et schizophrénie*, t. 2, *Mille Plateaux*, p. 393.

30. Expressão de Henri Lefebvre, *La Production de l'espace*, pp. 139-40, citada por Tim Ingold, *Une Brève Histoire des lignes*, p. 108.

31. Claude Lévi-Strauss, "La Politique étrangère d'une société primitive", *Politique étrangère*, v. 14, n. 2, pp. 139-52, 1949.

32. Ver igualmente o emprego desse conceito de Gilles Deleuze e Félix Guattari por Tim Ingold para caracterizar as relações dos povos indígenas com os componentes de seu meio ambiente: *The Perception of the Environment: Essays in Livelihood, Dwelling and Skill*. Ver também Tim Ingold, *Une Brève Histoire des lignes*, cap. iii, sobre a produção da territorialidade e as linhas de trajetos. Em certos aspectos, estamos mais próximos aqui das configurações móveis estudadas pela geografia dos "territórios redes" pós-modernos que da territorialidade geométrica fixa e "zonal" de nosso universo rural "tradicional"; ver Rogério Haesbaert, *O mito da desterritorialização: Do "fim dos territórios" à multiterritorialidade*.

33. Sobre essa noção, ver Marshall Sahlins, *La Découverte du vrai Sauvage et autres essais*, pp. 328-32, e, para casos amazônicos, Bruce Albert, "Associations amérindiennes et développement durable en Amazonie brésilienne", *Recherches amérindiennes au Québec*, v. XXXI, n. 3, pp. 49-58, 2001.

34. Gilles Deleuze e Félix Guattari, *Capitalisme et schizophrénie*, t. 2, *Mille Plateaux*, p. 255.

35. Ver Marc Augé, "La Force du présent", *Communications*, n. 49, p. 43, 1989.

36. Marshal Sahlins, *La Découverte du vrai Sauvage et autres essais*, p. 295.

37. Friedrich Nietzsche, *Assim falou Zaratustra*, p. 185 ("Do espírito de gravidade", canto 2).

38. John Rajchman, "Rentre la Terre légère", *Multitudes*, n. 20, pp. 23-31, 2005.

39. Ver Delphine Harvilleur, *Réflexions sur la question antisémite*, p. 23.

40. *Heimatboden* é o "solo nativo". Ver a associação entre perda do lar (*Heimatlosigkeit*) e esquecimento do ser em Martin Heidegger, *Carta sobre o humanismo*, pp. 46-8.

41. Note-se aqui, enfim, que a aproximação feita por Claude Lévi-Strauss entre o genocídio colonial dos indígenas e o Holocausto dos judeus na Europa, de que a família paterna de Claudia Andujar foi vítima, é uma das raízes profundas da obra fotográfica desta e de seu engajamento com os Yanomami. Ver Salvatore D'Onofrio, *Lévi-Strauss face à la catastrophe*, cap. "Villes, camps et déchets".

3. GENTE DE PERTO, GENTE DE LONGE [pp. 54-62]

1. Trata-se do trecho de 211 quilômetros da rodovia Perimetral Norte abandonada em 1976 no sudeste do território yanomami.

2. Alusão aos pelotões de fronteira já instalados em território yanomami, ao longo da fronteira venezuelana.

3. *Omama a* é o criador da humanidade e da ordem social atual. *Yoasi a*, seu irmão, feio, colérico e desastrado, é considerado o responsável pelos males de que sofrem os homens, a começar pela perda da imortalidade.

4. "Fazer dançar os espíritos" (*xapiri pë*) e "agir como espírito são expressões que designam a atividade xamânica. Os artistas convidados a *Watoriki* puderam assistir a inúmeras sessões xamânicas.

5. Psicotrópico preparado a partir da resina de árvores do gênero *Virola*. Ver, neste livro, o Anexo III.

6. Interjeição que denota aprovação mesclada de espanto.

7. Alusão à homologação legal e à demarcação do território yanomami no Brasil em 1992.

8. A cura xamânica é considerada uma vingança contra a agressão das entidades patogênicas de origem humana ou não humana.

9. "Tornar-se outro" (*në aipë-*) e "agir como espectro" (*poremu-*) são outras expressões que descrevem a atividade xamânica.

10. Os espíritos só se deslocam em cima de vastas superfícies que refletem uma luz intensa como espelhos (*mirexi pë* ou *mireko pë*).

11. Na morte de um xamã, esses espíritos escapam, na forma de araras-vermelhas flamejantes, da fogueira funerária do defunto.

12. A expressão "a gente de Deus" (*Teosi thëri pë*) designa os missionários, em especial os evangélicos anglo-saxões, cujo proselitismo é especialmente agressivo.

13. Os Yanomami associam as epidemias à fumaça dos objetos manufaturados e das máquinas. Eles os chamam de *xawara a wakixi* (epidemia-fumaça).

14. Alusão às secas recorrentes no Nordeste brasileiro.

15. Denominação de um grupo do sudeste do território yanomami contatado pelos construtores da rodovia Perimetral Norte em 1973 e cujas terras amplamente desmatadas são desde então invadidas por fazendeiros e colonos.

4. QUADROS DE UMA EXPOSIÇÃO [pp. 63-80]

1. Citação tirada de uma conversa entre Artavazd Pelechian e Jean-Luc Godard publicada em *Le Monde*, 2 abr. 1992, com o título "Un Langage d'avant Babel". Ver a página dedicada a Artavazd Pelechian no site da Fundação Cartier para a Arte Contemporânea: <www.fondationcartier.com/projets-en-ligne/artavazd-pelechian?locale=fr>. Acesso em: 22 set. 2022.

2. Claude Lévi-Strauss descreveu a arte ocidental como uma espécie de zona protegida do "pensamento selvagem" dentro do mundo industrial (*O pensamento selvagem*, p. 245).

3. Raymond Depardon, fotógrafo francês; Gary Hill, pioneiro americano da videoarte; Wolfgang Staehle, artista alemão precursor da net.art; Adriana Varejão, artista plástica brasileira; e Stephen Vitiello, *sound artist* e músico americano.

4. Vincent Beaurin, artista plástico francês; Tony Oursler, artista multimídia americano e Naoki Takizawa, designer e artista contemporâneo japonês.

5. Falecido em 2020, "grande homem" (*pata thë*) e verdadeiro "tesouro vivo" do xamanismo yanomami, o sogro de Davi Kopenawa, cujo nome não mais escreveremos para respeitar o costume, foi o verdadeiro gênio tutelar, a um só tempo benevolente, sagaz e alegre, da exposição Yanomami. L'Esprit de la Forêt. A tristeza por sua perda, para sua família, para sua comunidade e para mim, a quem ele honrava com sua amizade desde 1975, é imensa.

6. Claudia Andujar, fotógrafa brasileira, Lothar Baumgarten, artista conceitual e fotógrafo alemão, e Volkmar Ziegler, cineasta alemão.

7. Santo Agostinho, *Trindade/ De Trinitate*, livro XIV, cap. 4, parágrafo 6.

8. Ver Serge Gruzinski, *La Guerre des images: De Christophe Colomb à "Blade Runner"* (1492-2019).

9. Esse já não é totalmente o caso desde a introdução de certas ferramentas gráficas nossas (papel e pincel atômico) no fim dos anos 1970 e, sobretudo, no fim dos 1990, devido à influência das escolas bilíngues que sistematizaram a prática do desenho entre as novas gerações (os desenhos dos decênios anteriores emanavam de alguns indivíduos audaciosos, a pedido de visitantes brancos). Ver os desenhos de Taniki e Joseca no catálogo da exposição Histoires de Voir.

10. Todo ser vivo, humano ou não humano, dispõe de uma tal "imagem" provinda do tempo das origens míticas (inclusive os "brancos": são os *napënapëri pë*, "imagens primordiais dos forasteiros"), porém é igualmente o caso de todos os inanimados (objetos, elementos geográficos ou meteorológicos).

11. Essa "casa" é primeiro o peito do xamã no momento da iniciação, e depois uma casa coletiva cujo telhado está fixado no "peito do céu".

12. Os registros sonoros são também "imagens de palavras", *thë ã utupë*.

13. Embora para os Yanomami nossas imagens também sejam *utupa pë* (plural), as deles são bem mais que isso.

14. Recentes estudos de imagiologia cerebral demonstraram em particular que a absorção de certos psicotrópicos vegetais amazônicos, como a ayahuasca, confere às imagens mentais produzidas uma qualidade absolutamente idêntica à das percepções visuais "naturais". Ver D. B. de Araújo et al., "Seeing with the Eyes Shut: Neural Basis of Enhanced Imagery Following Ayahuasca Ingestion", *Human Brain Mapping*, v. xxxiii, n. 11, nov. 2012.

15. Ver Hans Belting, *Pour une Anthropologie des images*.

16. As oferendas de caça e a exibição de adornos de plumas são os instrumentos privilegiados da galanteria e da sedução yanomami.

17. Ver Raymond Murray Schafer, *Le Paysage sonore: Le monde comme musique*, e Bernie Krause, *Le Grand orchestre animal*.

18. Um fluxo contínuo de imagens tomadas a cada três segundos durante 24 horas.

19. Os Yanomami dizem que os humanos só podem ver esses seres-imagens (os espíritos *xapiri pë*) — e assim se tornarem xamãs — se estes já estiverem olhando para eles. A expressão "observação forte" é tirada do título do artigo de Peter Sloterdijk no catálogo da exposição Terre Natale. Ailleurs Commence Ici (Paris: Fundação Cartier para a Arte Contemporânea, 2008), p. 93.

20. A viagem do espectro de um defunto para as "costas do céu" só pode acontecer se todos os "rastros" (*õno kɨ*) — nomes, possessões, pegadas — deixados em vida forem apagados pelo ritual funerário (*õno kɨ wai*, "comer os vestígios"). Caso contrário, o morto, atraído por esses suportes de nostalgia, não deixará de assombrar os vivos.

21. Encontramos os termos desse "pacto de imagens" no testemunho de Davi Kopenawa, no capítulo 3 deste livro.

22. Raymond Depardon, *Chasseurs et chamans*, Palmeraie et Désert, 2002, 32 min, 35 mm.

23. Ver Bruce Albert, "Territorialité, ethnopolitique et développement: À propos du mouvement indien en Amazonie brésilienne", *Cahiers des Amériques latines*, n. 23, pp. 177-210, 1997.

24. A defesa dos direitos territoriais yanomami na cena política interétnica urbana sempre serve de base a uma luta cosmopolítica travada pelos xamãs a partir de suas comunidades na floresta. O xamanismo yanomami costuma usar essa espécie de "homeopatia simbólica": imagem dos ancestrais dos brancos contra os brancos atuais, imagem dos genros dos seres maléficos contra seus sogros, imagem da epidemia contra as epidemias...

25. Acompanhado pelo artista Joseca Yanomami e pelo então jovem professor Dário Yanomami, em maio de 2003.

26. *Xapiri thë ã oni: Palavras escritas sobre os xamãs yanomami*, São Paulo: Instituto Socioambiental em parceria com a associação yanomami Hutukara, 2014, e com a assessoria de Ana Maria Machado. A coleção de publicações autoetnográficas yanomami (*Urihi oni anë tëpëä pouwi*, "Saberes sobre a floresta yanomami") conta atualmente mais de 21 volumes.

27. Projeto realizado com François-Michel Le Tourneau, diretor de pesquisas do CNRS, autor do livro *Les Yanomami du Brésil: Géographie d'un territoire amérindien*.

28. Ver também o livro de Raymond Depardon *Donner la Parole*, que reproduz as polaroides e os testemunhos em yanomami, francês e inglês de Davi Kopenawa, L. e Raimundo Yanomami, bem como de três moças de *Watoriki*, Anita, Salomé e Ehuana Yaira, a qual participou, com vários desenhos seus, das exposições Nous les Arbres em Paris (2019) e Xangai (2021), e Les Vivants em Lille (2022).

29. Ato que se deve ao compositor brasileiro Tato Taborda e ao dramaturgo alemão Roland Quitt. Criada por iniciativa do sociólogo Laymert Garcia dos Santos, essa ópera multimídia foi apresentada entre 2010 e 2013 em Munique, São Paulo, Rotterdam e Viena.

30. Filme produzido pelo Instituto Socioambiental de São Paulo e pela Cinemateca Brasileira, realizado por Leandro Lima e Gisela Motta (imagens), Laymert Garcia dos Santos, Stella Senra e Bruce Albert (argumento e direção).

31. Ver adiante o capítulo "Além dos olhos".

6. TANIKI, XAMÃ DESENHISTA [pp. 83-91]

1. O trabalho pioneiro de Claudia Andujar sobre os desenhos yanomami (1974 e 1976-7) resultou na publicação de um livro em 1978: *Mitopoemas yãnomam*. Esse livro não apresenta nenhum desenho de Taniki. Entretanto, alguns figuram em artigo posterior: Claudia Andujar, "Desenhos yanomami", *Arte em São Paulo*, n. 5, 1982.

2. Ver *Histoires de voir*, pp. 128-33.

3. No sentido metafórico de seu emprego por Jackson Pollock (*Stenographic Figure*, 1942), aliás grande amador de xamanismo (Stephen Polcari, *Jackson Pollock et le chamanisme*).

4. Ver *Histoires de voir*, pp. 134-7.

5. Para uma breve síntese dessas pinturas corporais, ver Bruce Albert e William Milliken, *Urihi a: A terra-floresta yanomami*, pp. 110-2. Ver também, sobre a escrita e o papel, Davi Kopenawa e Bruce Albert, *A queda do céu*, cap. 22.

6. Em yanomami, uma pegada de animal de caça isolada diz-se, por exemplo, *yaro õno* (em compensação, a pista de um animal é designada pelo termo *mãe*, que se refere também às trilhas na floresta). Uma mordida (marca de dentes) diz-se *naki õno*, uma ferida por flecha, *xaraka õno*, a marca do toque, *hupano*, um corte de cabelo, *he hanuno* (marca de corte). A etiologia de uma doença pode-se dizer *yai thë õno* (marca de um ser sobrenatural), enquanto *imino* (marca da mão) remete à responsabilidade de um ato de feitiçaria e *hiramano* à origem mítica do ensinamento de um uso cultural ("rastro de nominação").

7. Relatando-me seus primeiros contatos, os antigos Yanomami com quem trabalhei nos anos 1970 às vezes atribuíram as epidemias que então atingiram seu povo a uma forma de feitiçaria dos brancos, a qual consiste em afixar papéis cobertos de escrita em estacas à beira dos caminhos da floresta.

8. As "peles de imagens" designam mais comumente os documentos impressos com ilustrações (revistas, livros, jornais).

9. Sobre o *yãkoana a*, ver Bruce Albert e William Milliken, *Uruhi a: A terra-floresta yanomami*, pp. 114-6. A expressão "mitograma" é tirada de André Leroi-Gourhan, *Le Geste et la parole*, t. 1: *Technique et langage*, cap. 5.

10. Tem-se um excelente exemplo na última página do artigo de Claudia Andujar ("Desenhos yanomami", *Arte em São Paulo*, n. 5, 1982) em que a autora relata que o desenhista yanomami lhe declarou que aquele traçado se devia "à vida de seus dedos".

11. Abraham Zemsz, "Dessins des Indiens Tchikao, Yanomami e Piaroa", *Documenti di lavoro e pre-pubblicazioni*, n. 35, 1974. Esse texto primeiro foi apresentado no seminário de Claude Lévi-Strauss em janeiro de 1972.

12. Sobre esse conceito de policentrismo pictórico, ver Pavel Florenski, *La Perspective inversée*, p. 11.

13. Eduardo Viveiros de Castro, *Metafísicas canibais: Elementos para uma antropologia pós-estrutural*, cap. II.

7. JOSECA, ARTISTA YANOMAMI [pp. 92-100]

1. Esses episódios são relatados nos capítulos XIII e XIV de Davi Kopenawa e Bruce Albert, *A queda do céu*.

2. Associação de apoio aos Yanomami fundada em 1978 por Claudia Andujar, Carlo Zacquini e Bruce Albert.

3. Entrevista de Joseca para a Fundação Cartier, Lille, maio 2022 (trad. Bruce Albert).

4. Ver o catálogo da exposição Yanomami. L'Esprit de la Forêt, p. 50, pp. 66-7, 74-5, 82-3.

5. Entrevista de Joseca para Brut Nature, Lille, maio 2022 (trad. Bruce Albert).

6. Expressão de Jacques Le Goff (*L'Imaginaire médiéval*), citada por Marc Augé em *La Guerre des rêves: Exercices d'ethno-fiction*.

7. Ver Tim Ingold, *Une Brève Histoire des lignes*, cap. VI.

8. Literalmente, "antes do tempo". Aqui, "antes da letra", "anterior à escrita". (N. T.)

9. Ver Serge Gruzinski, *La Pensée métisse*, cap. IX.

10. Alusão a desenhos da coleção do autor.

11. Por exemplo, no desenho da página 97, onde se vê *xapiri pë* em forma humana combatendo um espírito xamânico onça negra na sua aparência animal, ou no desenho da página 145, um espírito xamânico de aparência humanoide da árvore jatobá (*Hymenaea parvifolia*) acompanhado de *xapiri pë* japins (*Cacicus cela*) em sua forma de pássaros.

12. Esses dois verbos têm a mesma raiz em yanomami.

8. SONHAR LONGE [pp. 101-4]

1. Palavras gravadas e transcritas por Bruce Albert para o calendário *Rastros Yanomami. Yanomami traces*.

2. Tipo de grande tarântula venenosa, *Lycosa* sp.

3. O verbo "beber" é usado para descrever a inalação desse poderoso psicotrópico, pois, por trás da aparência visível de sua absorção pelas narinas do xamã, são seus espíritos que supostamente o bebem para alimentar-se.

4. A fabricação do *yãkoana a* é descrita no Anexo III deste livro.

5. A pele sem pinturas corporais é descrita como "cinzenta" (*krokehe*).

6. *Sarcoramphus papa.*

7. Respectivamente: o grande papagaio-moleiro (*Amazona farinosa*), o cujubim (*Pipile pipile*) e a arara-vermelha (*Ara macao*).

8. *Ramphastos tucanus*, o tucano-grande-de-papo-branco.

9. ALÉM DOS OLHOS [pp. 105-15]

1. Astrofísico e escritor.

2. Matemático e político.

3. Claude Lévi-Strauss, *História de lince*, p. 10.

4. Um café parisiense então próximo à Fundação Cartier, no Boulevard Raspail, em frente ao cemitério do Montparnasse, em Paris.

5. A medalha Fields é uma das mais prestigiosas recompensas em matemática, equivalente ao prêmio Nobel, que inexiste para essa disciplina.

6. Georg Cantor (1854-1918), matemático alemão nascido na Rússia, criador da teoria dos conjuntos. Kurt Gödel (1906-78), lógico e matemático austríaco naturalizado americano. Alan Turing (1912-54), matemático inglês cujos trabalhos fundaram a informática. John Forbes Nash (1928-2015), matemático e economista americano.

7. William Thomson, chamado de Lord Kelvin (1824-1907), físico e matemático inglês.

8. Charles Fourier (1772-1837), filósofo francês, figura do socialismo crítico--utópico.

9. John von Neumann (1903-57), matemático e físico de origem húngara, autor da teoria dos jogos.

10. Claude Shannon (1916-2001), engenheiro e matemático, autor da teoria da informação.

11. Escritor inglês de romances fantásticos nascido em 1960.

12. Matemático francês (1928-2014), medalha Fields em 1966.

13. Matemático inglês de origem libanesa (1929-2019), medalha Fields em 1966.

14. Matemático francês (1865-1963).

15. Matemático francês (1906-98).

16. Matemático, físico e filósofo das ciências francês (1854-1912).

17. Ver Cédric Villani, "La Matematica è stata un amante difficile", no catálogo da exposição Mathématiques, un Dépaysement Soudain, pp. 3-41.

18. Ver, sobre o pensamento visual de Einstein, Roman Jakobson, "Einstein et la science du langage", *Le Débat*, n. 20, maio 1982.

19. Ver, sobre os matemáticos "especialistas grafistas", Cédric Villani, "L'Écriture des mathématiciens". Disponível em: <http://barthes.enssib.fr/articles/Villani-ecriture-mathematiciens.pdf>. Acesso em: 22 set. 2022.

20. "Questions à Micha Gromov", Mathématiques, un Dépaysement Soudain, p. 68. Mikhail Gromov, nascido em 1943, é um matemático russo naturalizado francês.

21. Sobre essa expressão, ver Kristofer Schipper, Le Corps taoïste.

11. A FLORESTA POLIGLOTA [pp. 119-36]

1. Davi Kopenawa e Bruce Albert, A queda do céu, p. 437.

2. Alguns especialistas preveem o desaparecimento de 40% de sua cobertura florestal no horizonte 2050; ver Britaldo Silveira Soares Filho et al., "Modeling Conservation in the Amazon Bassin", Nature, v. 440, n. 7083, 23 mar. 2006.

3. Ver Eduardo Góes Neves, Arqueologia da Amazônia; <htpps://coica.org.ec>; Francisco Queixalós e Odile Renault-Lescure (Orgs.), As línguas amazônicas hoje.

4. Ver William Balée, Cultural Forests of the Amazon: A Historical Ecology of People and Their Landscapes; Charles R. Clement et al., "The Domestication of Amazonia before European Conquest", Proceedings of the Royal Society B: Biological Sciences, v. 282, n. 1812, 7 ago. 2015.

5. Ver Russell Alan Mittermeier et al., "Wilderness and Biodiversity Conservation", Proceedings of the National Academy of Sciences, v. 100, n. 18, 2 set. 2003.

6. Sementes e frutas das árvores caídas no chão ou disponíveis diretamente no dossel. O leito de folhas mortas da floresta fornece poucos elementos nutritivos.

7. Ver Leslie E. Sponsel, "Amazon Ecology and Adaptation", Animal Review of Anthropology, v. 15, out. 1986.

8. Ver Kenneth J. Feeley e Miles R. Silman, "Extinction Risks of Amazonian Plant Species", Proceedings of the National Academy of Sciences, v. 106, n. 30, 28 jul. 2009.

9. Deve-se o conceito de biofonia (sons de origem biológica não humana) ao trabalho pioneiro de Bernie Krause: ver Le Grand Orchestre Animal.

10. Frutas tóxicas que se tornam comestíveis, uma vez cortadas em fatias, por uma demorada sucessão de banhos no rio e de um longo cozimento em ebulição.

11. Uma criação sonora inspirada por esse tema (Heã, de Stephen Vitiello) foi apresentada na exposição Yanomami. L'Esprit de la Forêt, na Fundação Cartier para a Arte Contemporânea, em 2003.

12. Essa citação de Davi Kopenawa, assim como a maioria das informações anteriores, vem de uma conversa de Bruce Albert e Stephen Vitiello com Kopenawa na casa coletiva de Watoriki, em janeiro de 2003.

13. Sinais acústicos *heã* podem também ser associados a acontecimentos de origem humana (aproximação de feiticeiros, convidados, guerreiros, visitantes brancos), assim como a personagens e acontecimentos míticos ou xamânicos. O termo *heã* aplica-se, por fim, a cantos propiciatórios relativos às comidas cerimoniais das grandes festas *reahu*.

14. Assobios simples (soprados ou aspirados) ou obtidos com a ajuda de uma folha dobrada, de dedos, de apertos do lábio inferior ou da bochecha, das mãos juntas em concha.

15. Os Yanomami distinguem os animais que é possível "fazer com que se aproximem imitando-os" (*haxamãi*) daqueles cuja "voz contentam-se simplesmente de imitar" (*wã uëmãi pio*), por exemplo, num relato de caça ou num relato mítico.

16. Trechos de conversas entre Davi Kopenawa e Bruce Albert, *Watoriki*, 1997.

17. Ibid.

18. Ver Eduardo O. Kohn, "Runa Realism: Upper Amazonian Attitudes to Nature Knowing", *Ethnos*, v. 70, n. 2, 2005.

19. De *amo*, "centro", "interior", e *ã*, "o som", "a voz".

20. A metáfora yanomami aproxima esse "martelar" do pisoteamento dos veados (*haya mahasimuu*).

21. Esses dois exemplos vêm da região do rio Catrimani e datam dos anos 1970. O CD *Reahu heã. Cantos da festa yanomami*, produzido em 2009 pela associação yanomami Hutukara, contém cerca de vinte exemplos desses cantos transcritos e traduzidos.

22. Davi Kopenawa e Bruce Albert, *A queda do céu*, p. 115. As "árvores de cantos" também são às vezes chamadas de *yõrixiama hi ki*, "árvores sabiá-da-mata" ou pelo nome xamânico de *reã hi ki*.

23. Ibid., p. 149 (ver, de modo geral, sobre a iniciação xamânica, o capítulo 5).

24. Ver o capítulo IV da tese de Maria Inês Smiljanic, *O corpo cósmico: O xamanismo entre os Yanomae do Alto Toototobi*.

25. Cesto cilíndrico de largas malhas hexagonais, feito de arumã (*Ichnosiphon arouma*).

26. Davi Kopenawa e Bruce Albert, *A queda do céu*, p. 113.

27. *Cacicus cela* (*ayokora a*), *Saltator maximus* (*sitipari si*) e *Euphonia xanthogaster* (*taritari axi*).

28. Ver Thiago V. V. Costa, Christian B. Andretti e Mario Cohn-Haft, "Repertório vocal e imitação de cantos em *Cacicus cela* na Amazônia Central, Brasil", XV Congresso Brasileiro de Ornitologia, Porto Alegre: Pontifícia Universidade Católica do Rio Grande do Sul, 2007. O caraxué-de-bico-amarelo, o sabiá poliglota (*Turdus lawrencii*), é provavelmente o pássaro poliglota mais talentoso da Amazônia, com cerca de setenta cantos no seu repertório. Mas sua grande discrição (ele vive na floresta primária fechada, canta no dossel, é pouco notável visual-

mente e está essencialmente presente na parte mais ocidental do território dos Yanomami) com certeza lhe valeu ser eclipsado no universo xamânico indígena pelo japim-de-dorso-amarelo (Mario Cohn-Haft, comunicação pessoal).

29. Os xamãs são qualificados como "pessoas-espíritos" (*xapiri thë pë*), ao passo que "xamanizar" se diz "agir em espírito" (*xapirimuu*).

30. Essa dança de apresentação é a reproduzida pelos convidados no início das festas *reahu* entre casas coletivas.

31. Encontraremos vários exemplos desses cantos narrativos, traduzidos por jovens Yanomami alfabetizados, no folheto que acompanha o CD da associação Hutukara mencionado acima.

32. Trecho de uma conversa entre Davi Kopenawa, Bruce Albert e Stephen Vitiello, *Watoriki*, em janeiro de 2003.

33. "Humanos dotados de nomes de animais", os *yarori pë* são, literalmente, as "pessoas-caça das origens".

34. O termo traduzido neste texto como "animais" significa em yanomami "caça" (*yaro pë*), em oposição aos "animais domésticos" (*hiima pë*), que não são comestíveis. Os "humanimais" primordiais eram canibais, os humanos se tornaram caçadores. Como a caça mantém sua interioridade humana original, o canibalismo selvagem do primeiro tempo foi substituído por esse canibalismo derivado, portanto temperado, que é a caça.

35. A palavra *wã* (ou *ã*) significa ao mesmo tempo "barulho", "canto", "voz" e "palavra". O verbo *wã hai* pode assim se traduzir genericamente por "emitir um som" ou, mais especificamente, "falar".

36. O conceito de *utupë a* (plural: *utupa pë*) se refere, entre outros, à imagem corporal de qualquer ser humano (ou não humano) enquanto princípio de identidade vital (essência) constitutivo de sua pessoa. Também designa a forma ontológica original de qualquer ente no "primeiro tempo", forma da qual o componente da pessoa em questão constitui uma espécie de vestígio interior.

37. Os *xapiri pë* conservam a aparência humana dos antepassados animais de onde vieram, mas numa forma infinitesimal. Além disso, cada nome de espírito constitui uma classe de entidades (espécie) que cobre uma multiplicidade infinita de seres-imagens idênticos (indivíduos).

38. Trecho de uma conversa entre Davi Kopenawa e Bruce Albert, *Watoriki*, 1997.

39. Ver Claude Lévi-Strauss citando Constantin Tastevin a respeito dos Kaxinawá na introdução de *A oleira ciumenta*, p. 14.

40. Encontramos várias versões yanomami desse motivo em Johannes Wilbert e Karin Simoneau, *Folk Literature of the Yanomami Indians*, pp. 229-68. Trata-se aqui de uma versão gravada em 2003 com o sogro de Davi Kopenawa. Tal relato evoca um tema clássico da mitologia ameríndia: ver Claude Lévi-Strauss, "L'Origine de la couleur des oiseaux", em *Comme un Oiseau*. Essa versão tem,

porém, a originalidade de abordar a escolha dos falares animais, menos habitualmente realçada, em pé de igualdade com a escolha das suas cores.

41. Sariguê é um personagem famoso das *Mythologiques* de Claude Lévi-Strauss cuja presença inabitual nesse tipo de mito seria interessante analisar. O sariguê, ou gambá comum (*Didelphis marsupialis*), um pequeno marsupial conhecido por seu mau cheiro, é dotado de uma longa cauda descascada e de um pelo descorado, amarelado e mesclado de preto, que lhe dá, segundo Buffon, "uma figura feia". Solitário, noturno e onívoro, é também um péssimo caçador. Seu rival amoroso no relato, Yamanamari a, em tudo oposto, é associado às abelhas *yamanama naki* (*Scaptotrigona* sp.), e a seu mel perfumado muito apreciado pelos Yanomami.

42. Relato de L. Yanomami destinado a Bruce Albert, gravado por Stephen Vitiello, *Watoriki*, em janeiro de 2003.

43. Variante yanomami do "animismo-padrão" segundo a expressão de Philippe Descola (*Par-delà Nature et culture*, p. 198).

44. Pioneiro da bioacústica, teve sua instalação audiovisual Le Grand Orchestre des Animaux no centro da exposição da Fundação Cartier, em cujo catálogo este texto foi originalmente publicado. O autor deseja expressar sua gratidão a Stephen Vitiello (músico eletrônico e criador sonoro) por lhe ter fornecido generosamente suas gravações de 2003 com os Yanomami. Também agradece a Helder Perri Ferreira (linguista) e a Mario Cohn-Haft (ornitólogo) por sua paciência e pela precisão das respostas às suas perguntas durante a redação deste capítulo, bem como a Uirá Garcia (antropólogo) por lhe ter comunicado seu trabalho em curso sobre a etnoacústica da caça awá-guajá (ver Uirá Garcia, *Awá-Guajá: Crônicas de caça e criação*).

12. OS PÉS DO SOL [pp. 137-41]

1. Alusão aos grandes incêndios de 1997-8 provocados pelo fenômeno El Niño no estado de Roraima. Ver R. I. Barbosa e P. M. Fearnside, "Incêndios na Amazônia brasileira: Estimativa da emissão de gases do efeito estufa pela queima de diferentes ecossistemas de Roraima na passagem do evento El Niño (1997/98)", *Acta Amazonica*, n. 29, pp. 513-34, 1999.

2. Também chamado *Mothokari a*, de *mothoka a*, "sol", e *-ri*, sufixo que indica a sobrenaturalidade.

3. Pó psicotrópico tirado das árvores *Virola theiodora* e *V. elongata*.

4. Esse testemunho (ver também Davi Kopenawa e Bruce Albert, *A queda do céu*, pp. 202-3) confirma a importância dos fatores climáticos na formação das savanas das terras altas yanomami situadas na Venezuela (ver Catherine Alès, "La horticultura yanomami y la problemática de los medios de sabanas en la Amazo-

nía venezolana", em C. Alès e J. Chiappino (Orgs.), *Caminos cruzados: Ensayos en antropología social, etnoecología y etnoeducación*, pp. 389-421).

5. Termo que designa as savanas estépicas que ocupam o nordeste do estado de Roraima, fronteiriço com a Venezuela e a Guiana.

13. A ÁRVORE DA CHUVA [pp. 142-56]

1. Davi Kopenawa e Bruce Albert, *A queda do céu*, p. 392.

2. Bruno Latour, *Enquête sur les modes d'existence: Une anthropologie des Modernes*, p. 452.

3. Ver UICN, "Raising the Profile of Primary Forests Including Intact Forest Landscapes". Disponível em: <www.iucn.org/theme/our-work/primary-and-intact--forest-landscape/raising-profile-primary-forests-including-intact-forest-land-scapes>. Acesso em: 1 out. 2022; Stephen T. Garnett et al., "A Spatial Overview of the Global Importance of Indigenous Lands for Conservation", *Nature Sustentability*, v. 1, n. 7, 2018 (agradecimentos por essas fontes a Fabrice Dubertret, IHEAL--CREDA, Land-Mark's Operations Team — <www.landmarkmap.org>).

4. Reserva da biosfera na Venezuela (83 mil km^2) e Terra Indígena Yanoma-mi no Brasil (95 mil km^2), em 12,5 milhões de km^2 de florestas tropicais no mun-do (1,4%). François-Michel Le Tourneau, comunicação pessoal.

5. Davi Kopenawa e Bruce Albert, *A queda do céu*, p. 180.

6. Ver acima o capítulo "Um mundo cujo nome é floresta" e a referência ao livro de Ursula K. Le Guin.

7. Davi Kopenawa e Bruce Albert, *A queda do céu*, p. 472.

8. Ibid., pp. 470-1.

9. James Lovelock, *Gaia: A New Look on Life on Earth*.

10. Ver os capítulos VII e VIII de Emanuele Coccia, *La Vie des plantes: Une métaphysique du mélange*, e p. 78.

11. Davi Kopenawa e Bruce Albert, *A queda do céu*, p. 468.

12. Ver Stefano Mancuso e Alessandra Viola, *L'Intelligence des plantes*; e Stefano Mancuso, *Nous les Plantes*.

13. Ver Alexey Ponomarenko et al., "Ultrasonic Emissions Reveal Individual Cavitation Bubbles in Water-Stressed Wood", *Journal of the Royal Society Interface*, v. 11, n. 99, out. 2014; Itzhak Khait et al., "The Sounds of Plants. Plants Emit Re-motely-Detectable Ultrasounds That Can Reveal Plant Stress".

14. Davi Kopenawa e Bruce Albert, *A queda do céu*, p. 370.

15. Ver Claudie Giguère-Croteau et al., "North America's Oldest Boreal Trees Are More Efficient Water Users Due to Increased [CO_2], But Do Not Grow Faster", *Proceedings of the National Academy of Sciences*, v. 116, n. 7, 12 fev. 2019.

16. Davi Kopenawa e Bruce Albert, *A queda do céu*, p. 471.

17. Ver Davide Castelvecchi, "Cloud-Seeding Surprise Could Improve Climate Predictions", *Nature*, 25 maio 2016; Gabriel Popkin, "Forests Emerge as a Major Overlooked Climate Factor", *Quanta Magazine*, 9 out. 2018. Disponível em: <www.quantamagazine.org/forests-emerge-as-a-major-overlocked-climate-factor-20181009>. Acesso em: 22 set. 2022. Sobre a Amazônia, ver Jonathon S. Wright et al., "Rainforest-Initiated Wet Season Onset Over the Southern Amazon", *Proceedings of the National Academy of Sciences*, v. 114, n. 32, 8 ago. 2017.

18. Ver Antonio Donato Nobre, *O futuro climático da Amazônia*. Disponível em: <http://www.pbmc.coppe.ufrj.br/documentos/futuro-climatico-da-amazonia.pdf>. Acesso em: 22 set. 2022.

19. Ver Carolina Vera et al., "The South-American Low-Level Jet Experiment", *Bulletin of the American Meteorological Society*, v. 87, n. 1, 2006; Alejandro Martinez e Francina Dominguez, "Sources of Atmospheric Moisture for the La Plata River Basin", *Journal of Climate*, v. 27, n. 17, 2014; Marcos Costa et al., "Climate Risks to Amazon Agriculture Suggest a Rationale to Conserve Local Ecosystems", *Frontiers in Ecology and the Environment*, v. 17, n. 10, 2019.

20. Davi Kopenawa e Bruce Albert, *A queda do céu*, p. 472.

21. Espíritos dos japus-verdes (*Psarocolius viridis*) e bicolores (*P. yucarares*), bem como guaribas-vermelhos (*Alouatta seniculus*).

22. Davi Kopenawa e Bruce Albert, *A queda do céu*, p. 199.

23. Ver Christopher Stone, *Les Arbres doivent-ils pouvoir plaider?*.

24. Ver Déborah Danowski e Eduardo Viveiros de Castro, *Há mundo por vir? Ensaio sobre os medos e os fins*, p. 101, 117n.

25. Davi Kopenawa e Bruce Albert, *A queda do céu*, p. 468.

26. Antonin Artaud, "Manifeste en langage clair", em *Œuvres complètes*, t. I, v. 2, p. 53.

27. Ver "Discours de Claude Lévi-Strauss", em *Praemium erasmianum MCMLXXIII*, p. 27.

14. DE UMA EPIDEMIA A OUTRA [pp. 157-64]

1. Depoimento gravado e traduzido do yanomami por Bruce Albert para o calendário *Rastros Yanomami. Yanomami traces*.

2. *Xawara a, xawara a wai* ou *xawara a wakixi* são termos genéricos que designam as epidemias e as doenças infecciosas. Com eles, os Yanomami nomeiam dezoito tipos diferentes delas (ver Bruce Albert e Gale Goodwin Gomez, *Saúde yanomami: Um manual etnolinguístico*, pp. 114-5).

3. L. Yanomami, sogro de Davi Kopenawa, líder e xamã mais famoso da comunidade de *Watoriki*, morreu em 2020 com a idade (estimada) de 85 anos. Sobre sua história migratória, ver Davi Kopenawa e Bruce Albert, *A queda do céu*, pp. 567-9.

4. Afluente do rio Couto de Magalhães (alto Mucajaí). A roça de *Xioama a* deve datar dos anos 1930.

5. Um "forasteiro-inimigo". No caso, um visitante de outro povo indígena, por sua vez já em contato com os brancos.

6. A epidemia é aqui concebida como tendo sido desencadeada pelo uso de uma substância de feitiçaria adquirida junto aos brancos e utilizada por um visitante indígena de outra etnia no quadro de um conflito social.

7. Os ossos dos mortos são incinerados e suas cinzas enterradas (adultos) ou ingeridas (crianças) num mingau de banana durante uma cerimônia intercomunitária (*reahu*). O objetivo desse ritual funerário é "pôr em esquecimento" as cinzas dos defuntos a fim de lhes permitir juntarem-se definitivamente às "costas do céu" e não voltarem mais para assombrar os vivos.

8. *Hero u* é o nome yanomami do rio Couto de Magalhães, afluente do alto Mucajaí (bacia do rio Branco).

9. Provavelmente os Maku, um grupo indígena do médio rio Parima extinto no início do século xx. Ver Davi Kopenawa e Bruce Albert, *A queda do céu*, pp. 228 e 634, 14n.

10. O vírus da gripe pode se disseminar também pelos tecidos ou outros objetos de troca.

11. À beira do rio Mapulaú, afluente do alto rio Demini (bacia do rio Negro).

12. Os poucos sobreviventes, sob a liderança de L., se refugiaram perto de um posto provisório da Funai à beira do rio Mapulaú. Ver, sobre essa epidemia de 1973, Davi Kopenawa e Bruce Albert, *A queda do céu*, pp. 295-7.

13. Afluente do rio Lobo d'Almada (rio Catrimani, bacia do rio Branco).

14. Esses convidados, provenientes da região da missão católica do rio Catrimani, tinham sido contaminados pelo sarampo transmitido por uma criança yanomami em período de incubação, e que fora trazida de um hospital da cidade vizinha de Boa Vista (Roraima) pelos missionários. Sobre essa nova epidemia de 1977, ver Davi Kopenawa e Bruce Albert, *A queda do céu*, pp. 308-9.

15. Sobre o uso das plantas medicinais yanomami, ver Bruce Albert e William Milliken, *Uruhi a: A terra-floresta yanomami*, e o livro editado por esses autores e a associação yanomami Hutukara em parceria com o Instituto Socioambiental: *Hwërimamotima thë pë ã: Manual dos remédios tradicionais yanomami.*

16. Trata-se de caçar certos pássaros muito coloridos cujos despojos são destinados à confecção de ornamentos. Os dois protagonistas estão à espreita, em cima de uma plataforma de madeira, coberta de palmas, disposta numa árvore carregada de frutas apreciadas pelas espécies cobiçadas.

17. *Krukuri a* é o antepassado animal da coruja-do-mato *Krukukuma namo* (*Strix virgata*), uma grande ave de rapina noturna.

18. O estado de homicida (*õnokae*) impõe a realização de um rito de reclusão durante o qual a pessoa que matou deve simbolicamente digerir as carnes de sua vítima.

19. Trata-se de uma "cobra-cipó", da família dos colubrídeos, muito fina e comprida que, agarrada por sua parte posterior nos galhos, tem a peculiaridade de manter ereta, no vazio, a parte anterior do corpo (*Oxybelis aeneus*).

20. Até o dia 5 de março de 2021, a covid-19 tinha feito ao menos 34 vítimas yanomami (dezoito anciãos, mas também onze crianças e cinco adultos). Fonte: @RedeProYY (Twitter).

21. Davi usa aqui o termo *kanasi a*, que designa os restos de uma refeição ou de qualquer forma de predação.

15. SOMOS TODOS "ÍNDIOS" [pp. 165-8]

1. O rio Uraricoera é um dos dois grandes formadores do rio Branco.

2. No dia 31 de dezembro de 2020, havia entre os Yanomami 1607 casos confirmados de covid-19 e 26 mortes num contexto de subnotificação crônica (testagem precária com testes rápidos em número insuficiente e vontade política do governo Bolsonaro de minimizar o número de vítimas fatais). Fonte: @RedeProYY (Twitter).

3. *A queda do céu* descreve várias dessas epidemias mortais (caps. 10 e 11). O testemunho de L. Yanomami (cap. 14) mostra que também seria preciso contar aqui os episódios de contaminação indireta, desde o início do século xx, por intermédio de povos indígenas vizinhos, por sua vez em contato direto com a fronteira regional dos colonos brancos.

4. Em 3 de outubro de 2022, 75 328 casos e 1324 mortes entre 162 povos indígenas no Brasil. Fonte: <apiboficial.org>.

5. Ver Davi Kopenawa e Bruce Albert, *A queda do céu*, cap. 26

6. "Coronavirus: 4,6 milliards de personnes toujours appelées à rester chez elles", *Le Monde*, 3 de maio 2020.

7. Ver Anselm Jappe, *A sociedade autofágica: Capitalismo, desmesura e autodestruição*.

8. Declaração de Claude Lévi-Strauss no canal de televisão France 2, citada por Salvatore D'Onofrio, *Lévi-Strauss face à la catastrophe*, p. 13.

9. Claude Lévi-Strauss, *Saudades do Brasil*, p. 19 (também citado por Salvatore D'Onofrio, *Lévi-Strauss face à la catastrophe*, p. 58).

ANEXO I: OS YANOMAMI NO BRASIL [pp. 177-81]

1. Ver os documentos: *Xawara: Rastros da covid-19 na Terra Indígena Yanomami e a omissão do Estado* e *Yanomami sob ataque: Garimpo ilegal na Terra Indígena Yanomami e propostas para combatê-lo*. Busca e download: <https://acervo. socioambiental.org/acervo/publicacoes-isa/xawara-rastros-da-covid-19-na-terra-

indigena-yanomami-e-omissao-do-estado> e <https://acervo.socioambiental.org/sites/default/files/documents/yal00067.pdf>. Acesso em: 23 set. 2022.

ANEXO II: A CASA COLETIVA DE *WATORIKɨ* [pp. 183-7]

1. Os Yanomami de *Watorikɨ* consomem regularmente os frutos de pelo menos uma dúzia de palmeiras (ver Bruce Albert e William Milliken, *Urihi a: A terra-floresta yanomami*).

2. Sobre a grande casa coletiva de *Watorikɨ*, ver também Bruce Albert e William Milliken, *Urihi a: A terra-floresta yanomami*, pp. 73-88 (construção), e Bruce Albert e François-Michel Le Tourneau, "Ethnogeography and Resource Use among the Yanomami: Toward a Model of 'Reticular Space'", *Current Anthropology*, v. 48, n. 4, pp. 584-92, 2007 (uso dos recursos).

HUTUKARA [pp. 193-4]

1. Trecho do documento de fundação da associação Hutukara, datado de 12 de novembro de 2004.

Fontes

CAPÍTULO 1

Depoimento gravado e traduzido do yanomami por Bruce Albert em 2002 durante a preparação da exposição Yanomami. L'Esprit de la Forêt (Paris: Fundação Cartier para a Arte Contemporânea, 14 maio-12 out. 2003), e publicado originalmente no catálogo dessa exposição, Paris: Fundação Cartier para a Arte Contemporânea, 2003, pp. 51-2.

CAPÍTULO 2

Nova versão de um texto publicado originalmente em português no catálogo da exposição Claudia Andujar. A Luta Yanomami (São Paulo: Instituto Moreira Salles, 15 dez.-7 abr. 2018) e em francês no catálogo da exposição Claudia Andujar. La Lutte Yanomami (Paris: Fundação Cartier para a Arte Contemporânea, 30 jan.-12 set. 2020), ambas com curadoria de Thyago Nogueira. São Paulo: Instituto Moreira Salles, 2018, pp. 102-11, e Paris: Fundação Cartier para a Arte Contemporânea, 2020, pp. 102-11.

CAPÍTULO 3

Depoimento registrado e traduzido do yanomami por Bruce Albert. Publicado originalmente no catálogo da exposição Yanomami. L'Esprit de la Forêt, op. cit., pp. 17-21.

CAPÍTULO 4

"Ver e escutar a floresta": texto baseado no argumento da exposição Yanomami. L'Esprit de la Forêt e publicado no catálogo desta, op. cit., p. 14.

"*Watorikɨ*: retorno às imagens": texto revisado de um artigo publicado no catálogo da exposição Trente Ans pour l'Art Contemporain. Paris: Fundação Cartier para a Arte Contemporânea, 2014, v. ii, pp. 237-48.

CAPÍTULO 5

Depoimento gravado e traduzido do yanomami por Bruce Albert para o calendário *Rastros Yanomami. Yanomami traces*, editado por Claudia Andujar, São Paulo: DBA, 2000, e revisado por Davi Kopenawa para a exposição Nous les Arbres, Paris: Fundação Cartier para a Arte Contemporânea, 2019.

CAPÍTULO 6

Versão revisada de um texto originalmente publicado no catálogo da exposição Histoires de Voir (Paris: Fundação Cartier para a Arte Contemporânea, 15 maio--21 out. 2012). Paris: Fundação Cartier para a Arte Contemporânea, 2012, pp. 134-6.

CAPÍTULO 7

Versão revisada e aumentada de um texto originalmente publicado no catálogo da exposição Histoires de Voir, op. cit., pp. 138-9, e, sob uma forma um pouco diferente, no catálogo da exposição Joseca Yanomami: Nossa Terra-Floresta (São Paulo: Masp, 29 jul.-30 out. 2022).

CAPÍTULO 8

Depoimento gravado e traduzido do yanomami por Bruce Albert. Publicado originalmente no catálogo da conferência Brasil, 500 Anos, Experiência e Destino: A Outra Margem do Ocidente, São Paulo: Funarte; Instituto Cultural Itaú, 1998, p. 8.

CAPÍTULO 9

Texto originalmente publicado com o título "Le Mathématicien et le chaman, les yeux fermés", no catálogo da exposição Mathématiques, un Dépaysement Soudain, Paris: Fundação Cartier para a Arte Contemporânea, 2021, pp. 44-51.

CAPÍTULO 10

Texto redigido a partir da tradução do yanomami de uma gravação inédita de Davi Kopenawa (arquivos Bruce Albert).

CAPÍTULO 11

Texto originalmente publicado no catálogo da exposição Le Grand Orchestre des Animaux, Paris: Fundação Cartier para a Arte Contemporânea, 2016, pp. 91-9.

CAPÍTULO 12

Depoimento gravado e traduzido do yanomami por Bruce Albert. Publicado originalmente em *Povos indígenas no Brasil 1996-2000*, São Paulo: Instituto Socioambiental, 2000.

CAPÍTULO 13

Texto originalmente publicado no catálogo da exposição Nous les Arbres, op. cit., pp. 66-74.

CAPÍTULO 14

"*Xawara a*, a fumaça de epidemia": texto publicado originalmente no catálogo da exposição Yanomami. L'Esprit de la Forêt, op. cit., pp. 35-6.

"Covid-19: o caçador-canibal e a Montanha do Morcego": o depoimento em yanomami que originou este texto inédito foi gravado e traduzido a partir de uma conversa por WhatsApp desde Boa Vista (Roraima) no dia 24 de fevereiro de 2021, graças a Matthieu Léna, assessor administrativo da associação yanomami Hutukara.

CAPÍTULO 15

Texto escrito em abril de 2020 a pedido da Fundação Cartier para a Arte Contemporânea por ocasião da apresentação em Paris da exposição Claudia Andujar. La Lutte Yanomami (curadoria Thyago Nogueira), no início da pandemia de covid-19. Publicado no *Le Monde* (20 abr. 2020), na *Folha de S.Paulo* (23 abr. 2020) e, em versão diferente, no *New York Times* (27 abr. 2020).

CAPÍTULO 16

Depoimento traduzido do yanomami e editado a partir de uma mensagem sonora enviada para Bruce Albert (e gravada por Marcos W. de Oliveira/ISA); originalmente publicado em *Povos indígenas do Brasil 2006-2010*, São Paulo: Instituto Socioambiental, 2011.

ANEXO I

Para as referências bibliográficas detalhadas deste anexo, ver o apêndice II de Davi Kopenawa e Bruce Albert, *A queda do céu*, aqui resumido e atualizado.

ANEXO II

Versão atualizada do apêndice III de Davi Kopenawa e Bruce Albert, *A queda do céu*.

ANEXO III

Texto redigido a partir de William Milliken, "Les Hallucinogènes yanomami", do catálogo da exposição Yanomami. L'Esprit de la Forêt, op. cit., pp. 191-2, e de Bruce Albert e William Milliken, *Urihi a: A terra-floresta yanomami*, pp. 114-6.

Referências bibliográficas

ALBERT, Bruce. "Anthropologie appliquée ou 'anthropologie impliquée'?". In: BARÉ, Jean-François (Org.). *Les Applications de l'anthropologie: Un essai de réflexion collective depuis la France*. Paris: Karthala, 1995. pp. 87-118. (Coleção Hommes et Sociétés).

_____. "'Ethnographic Situation' and Ethnic Movements: Notes on Post-Malinowskian Fieldwork". *Critique of Anthropology*, v. 17, n. 1, pp. 53-65, 1997.

_____. "Territorialité, ethnopolitique et développement: À propos du mouvement indien en Amazonie brésilienne". *Cahiers des Amériques latines*, n. 23, pp. 177-210, 1997.

_____. "Associations amérindiennes et développement durable en Amazonie brésilienne". *Recherches amérindiennes au Québec*, v. XXXI, n. 3, pp. 49-58, 2001.

_____. "Écrire 'au nom des autres': Retour sur le pacte ethnographique". In: ERIKSON, P. (Org.). *Trophées: Études ethnologiques, indigénistes et amazonistes offertes à Patrick Menget*. Nanterre: Société d'ethnologie, 2016. pp. 109-18. v. 1: Couvade, terrains et engagements indigénistes.

ALBERT, Bruce; GOMEZ, Gale Goodwin. *Saúde yanomami: Um manual etnolinguístico*. Belém: Museu Goeldi, 1997.

ALBERT, Bruce; LE TOURNEAU, François-Michel. "Ethnogeography and Resource Use among the Yanomami: Toward a Model of 'Reticular Space'". *Current Anthropology*, v. 48, n. 4, pp. 584-92, 2007.

ALBERT, Bruce; MILLIKEN, William. *Urihi a: A terra-floresta yanomami*. São Paulo: Instituto Socioambiental; Institut de Recherche pour le Développement, 2009.

ALÈS, Catherine. "La horticultura yanomami y la problemática de los medios de sabanas en la Amazonía venezolana". In: ALÈS, Catherine; CHIAPPINO, J. (Orgs.). *Caminos cruzados: Ensayos en antropología social, etnoecología y etnoeducación*. Caracas: IRD/Universidad de los Andes, 2003.

ANDUJAR, Claudia. *Mitopoemas yãnomam*. São Paulo: Olivetti do Brasil, 1978.

_____. "Desenhos yanomami". *Arte em São Paulo*, n. 5, 1982.

ARAÚJO, D. B. de et al. "Seeing with the Eyes Shut: Neural Basis of Enhanced Imagery Following Ayahuasca Ingestion". *Human Brain Mapping*, v. XXXIII, n. 11, nov. 2012.

ARTAUD, Antonin. "Manifeste en langage clair". In: _____. *Œuvres complètes*. Paris: Gallimard, 1976. t. 1, v. 2.

AUGÉ, Marc. "La Force du présent". *Communications*, n. 49, 1989.

_____. *La Guerre des rêves: Exercices d'ethno-fiction*. Paris: Seuil, 1997.

BALÉE, William. *Cultural Forests of the Amazon: A Historical Ecology of People and Their Landscapes*. Tuscaloosa: University of Alabama Press, 2013.

BARBOSA, R. I.; FEARNSIDE, P. M. "Incêndios na Amazônia brasileira: Estimativa da emissão de gases do efeito estufa pela queima de diferentes ecossistemas de Roraima na passagem do evento El Niño (1997/98)". *Acta Amazonica*, n. 29, pp. 513-34, 1999.

BASSO, Keith. "'Stalking with Stories': Names, Places, and Moral Narratives among the Western Apache". In: BRUNER, Edward M. (Org.). *Text, Play, and Story: The Construction and Reconstruction of Self and Society*. Washington: American Ethnologial Society, 1984. pp. 19-53.

BELTING, Hans. *Pour une Anthropologie des images*. Paris: Gallimard, 2004. (Le Temps des Images).

CASTELVECCHI, Davide. "Cloud-Seeding Surprise Could Improve Climate Predictions". *Nature*, 25 maio 2016.

CASTRO, Eduardo Viveiros de. *Metafísicas canibais: Elementos para uma antropologia pós-estrutural*. São Paulo: Ubu; N-1 Edições, 2018.

CLEMENT, Charles R. et al. "The Domestication of Amazonia before European Conquest". *Proceedings of the Royal Society B: Biological Sciences*, v. 282, n. 1812, 7 ago. 2015.

CLIFFORD, James; MARCUS, George E. *Writing Culture: The Poetics and Politics of Ethnography*. Berkeley: University of California Press, 1986.

COCCIA, Emanuele. *La Vie des plantes: Une métaphysique du mélange*. Paris: Payot & Rivages, 2016.

COSTA, Marcos et al. "Climate Risks to Amazon Agriculture Suggest a Rationale to Conserve Local Ecosystems". *Frontiers in Ecology and the Environment*, v. 17, n. 10, 2019.

COSTA, Thiago V. V.; ANDRETTI, Christian B.; COHN-HAFT, Mario. "Repertório vocal e imitação de cantos em *Cacicus cela* na Amazônia Central, Brasil". In: XV Congresso Brasileiro de Ornitologia, 2007, Porto Alegre. Porto Alegre: Pontifícia Universidade Católica do Rio Grande do Sul, 2007.

DANOWSKI, Déborah; CASTRO, Eduardo Viveiros de. *Há mundo por vir? Ensaio sobre os medos e os fins*. Florianópolis: Cultura e Barbárie Editora; São Paulo: Instituto Socioambiental, 2014.

DELEUZE, Gilles; GUATTARI, Félix. *Capitalisme et schizophrénie*. Paris: Éditions de Minuit, 1980. t. 2: Mille Plateaux.

DEPARDON, Raymond. *Donner la Parole*. Paris: Fundação Cartier para a Arte Contemporânea; Göttingen: Steidl, 2008.

DESCOLA, Philippe. *Par-delà Nature et culture*. Paris: Gallimard, 2005.

D'ONOFRIO, Salvatore. *Lévi-Strauss face à la catastrophe*. Paris: Mimésis, 2018.

FEELEY, Kenneth J.; SILMAN, Miles R. "Extinction Risks of Amazonian Plant Species". *Proceedings of the National Academy of Sciences*, v. 106, n. 30, 28 jul. 2009.

FLORENSKI, Pavel. *La Perspective inversée*. Paris: Allia, 2013.

GARCIA, Uirá. *Awá-Guajá: Crônicas de caça e criação*. São Paulo: Hedra, 2018.

GARNETT, Stephen T. et al. "A Spatial Overview of the Global Importance of Indigenous Lands for Conservation". *Nature Sustentability*, v. 1, n. 7, 2018.

GIGUÈRE-CROTEAU, Claudie et al. "North America's Oldest Boreal Trees Are More Efficient Water Users Due to Increased [CO_2], but Do Not Grow Faster". *Proceedings of the National Academy of Sciences*, v. 116, n. 7, 12 fev. 2019.

GRUZINSKI, Serge. *La Guerre des images: De Christophe Colomb à "Blade Runner" (1492-2019)*. Paris: Fayard, 1990.

_____. *La Pensée métisse*. Paris: Fayard, 1999.

HAESBAERT, Rogério. *O mito da desterritorialização: Do "fim dos territórios" à multiterritorialidade*. Rio de Janeiro: Bertrand Brasil, 2004.

HARVILLEUR, Delphine. *Réflexions sur la question antisémite*. Paris: Grasset, 2019.

HEIDEGGER, Martin. *Carta sobre o humanismo*. São Paulo: Centauro, 2010.

INGOLD, Tim. *The Perception of the Environment: Essays in Livelihood, Dwelling and Skill*. Londres; Nova York: Routledge, 2000.

_____. *Une Brève Histoire des lignes*. Paris: Zones Sensibles, 2011.

INSTITUTO Socioambiental. Disponível em: <https://acervo.socioambiental. org/acervo/publicacoes-isa/xawara-rastros-da-covid-19-na-terra-indigena-yanomami-e-omissao-do-estado>. 2020.

_____. Disponível em: <https://acervo.socioambiental.org/acervo/documentos/ yanomami-sob-ataque-garimpo-ilegal-na-terra-indigena-yanomami-e-propostas-para>. 2022.

JAKOBSON, Roman. "Einstein et la science du langage". *Le Débat*, n. 20, maio 1982.

JAPPE, Anselm. *A sociedade autofágica: Capitalismo, desmesura e autodestruição.* São Paulo: Elefante, 2021.

KELLEY, Klara; FRANCIS, Harris. "Traditional Navajo Maps and Wayfinding". *American Indian Culture and Research Journal*, t. XXIX, v. 2, pp. 85-111, 2005.

KHAIT, Itzhak et al. "The Sounds of Plants. Plants Emit Remotely-Detectable Ultrasounds That Can Reveal Plant Stress". Pré-publicação. BioRxiv, 2018.

KODJO-GRANDVAUX, Séverine. "Philosophies africaines". In: *Présence africaine.* Paris, 2013.

KOHN, Eduardo O. "Runa Realism: Upper Amazonian Attitudes to Nature Knowing". *Ethnos*, v. 70, n. 2, 2005.

KOPENAWA, Davi; ALBERT, Bruce. *La Chute du ciel: Paroles d'un chaman yanomami.* Paris: Plon, 2010.

_____. *A queda do céu: Palavras de um xamã yanomami.* São Paulo: Companhia das Letras, 2015.

KRAUSE, Bernie. *Le Grand orchestre animal.* Paris: Flammarion, 2013.

LATOUR, Bruno. *Enquête sur les modes d'existence: Une anthropologie des Modernes.* Paris: La Découverte, 2012.

_____. *Où suis-je? Leçons du confinement à l'usage des terrestres.* Paris: La Découverte, 2021.

LEFEBVRE, Henri. *La Production de l'espace.* Paris: Anthropos, 1974.

LE GOFF, Jacques. *L'Imaginaire médiéval.* Paris: Gallimard, 1985.

LE GUIN, Ursula K. *The Word for World Is Forest.* Nova York: Berkley Books, 1976.

LEROI-GOURHAN, André. *Le Geste et la parole.* t. 1: *Technique et langage.* Paris: Albin Michel, 1964.

LE TOURNEAU, François-Michel. *Les Yanomami du Brésil: Géographie d'un territoire amérindien.* Paris: Belin, 2010. (Mappemonde).

LÉVI-STRAUSS, Claude. "La Politique étrangère d'une société primitive". *Politique étrangère*, v. 14, n. 2, pp. 139-52, 1949.

_____. "Jean-Jacques Rousseau, fundador das ciências do homem". In: *Antropologia estrutural dois.* São Paulo: Ubu, 2018.

_____. *O pensamento selvagem.* Campinas: Papirus, 2008.

_____. "Discours de Claude Lévi-Strauss". *Praemium erasmianum MCMLXXIII.* Amsterdam, 1973.

_____. *A oleira ciumenta.* São Paulo: Brasiliense, 1986.

_____. *História de lince.* São Paulo: Companhia das Letras, 1993.

_____. *Saudades do Brasil.* São Paulo: Companhia das Letras, 2009.

_____. "L'Origine de la couleur des oiseaux". In: *Comme un Oiseau.* Paris: Fundação Cartier para a Arte Contemporânea; Gallimard, 1996.

LÉVI-STRAUSS, Claude; ÉRIBON, Didier. *De perto e de longe*. Rio de Janeiro: Nova Fronteira, 1990.

LOVELOCK, James. *Gaia: A New Look on Life on Earth*. Oxford: Oxford University Press, 2016.

LUCIANI, José Antonio Kelly. *Journal de la Société des Américanistes*, v. 97, n. 1, pp. 339-57, 2011.

MACHADO, Ana Maria (Org.). *Xapiri thë ã oni: Palavras escritas sobre os xamãs yanomami*. São Paulo: Instituto Socioambiental; Hutukara Associação Yanomami, 2014. (Coleção *Urihi oni anë tëpëä pouwi*, "Saberes sobre a floresta yanomami").

MANCUSO, Stefano. *Nous les Plantes*. Paris: Albin Michel, 2021.

MANCUSO, Stefano; VIOLA, Alessandra. *L'Intelligence des plantes*. Paris: Albin Michel, 2018.

MARTINEZ, Alejandro; DOMINGUEZ, Francina. "Sources of Atmospheric Moisture for the La Plata River Basin". *Journal of Climate*, v. 27, n. 17, 2014.

MITTERMEIER, Russell Alan et al. "Wilderness and Biodiversity Conservation". *Proceedings of the National Academy of Sciences*, v. 100, n. 18, 2 set. 2003.

NEVES, Eduardo Góes. *Arqueologia da Amazônia*. Rio de Janeiro: Jorge Zahar Editor, 2006.

NIETZSCHE, Friedrich. *Assim falou Zaratustra*. São Paulo: Companhia de Bolso, 2018. ("Do espírito de gravidade", canto 2).

NOBRE, Antonio Donato. *O futuro climático da Amazônia*. Disponível em: <http://www.pbmc.coppe.ufrj.br/documentos/futuro-climatico-da-amazonia.pdf>. Acesso em: 22 set. 2022.

POLCARI, Stephen. *Jackson Pollock et le chamanisme*. Paris: Pinacothèque de Paris, 2008.

PONOMARENKO, Alexey et al. "Ultrasonic Emissions Reveal Individual Cavitation Bubbles in Water-Stressed Wood". *Journal of the Royal Society Interface*, v. 11, n. 99, out. 2014.

POPKIN, Gabriel. "Forests Emerge as a Major Overlooked Climate Factor". *Quanta Magazine*, 9 out. 2018. Disponível em: <www.quantamagazine.org/forests-emerge-as-a-major-overlocked-climate-factor-20181009>. Acesso em: 22 set. 2022.

QUEIXALÓS, Francisco; RENAULT-LESCURE, Odile (Orgs.). *As línguas amazônicas hoje*. São Paulo: ISA-MPEG, 2000.

RAJCHMAN, John. "Rentre la Terre légère". *Multitudes*, n. 20, pp. 23-31, 2005.

SAHLINS, Marshall. *La Découverte du vrai Sauvage et autres essais*. Paris: Gallimard, 2007.

SANTO AGOSTINHO. *Trindade/ De Trinitate*. Ed. bilíngue. Lisboa: Paulinas, 2007, livro XIV, cap. 4, parágrafo 6.

SCHAFER, Raymond Murray. *Le Paysage sonore: Le monde comme musique.* Paris: Wildproject, 2010. (Domaine Sauvage).

SCHIPPER, Kristofer. *Le Corps taoïste.* Paris: Fayard, 1982.

SMILJANIC, Maria Inês. *O corpo cósmico: O xamanismo entre os Yanomae do Alto Toototobi.* Brasília: Universidade de Brasília, 1999. Tese (Doutorado).

SOARES FILHO, Britaldo Silveira et al. "Modeling Conservation in the Amazon Bassin". *Nature*, v. 440, n. 7083, 23 mar. 2006.

SPONSEL, Leslie E. "Amazon Ecology and Adaptation". *Animal Review of Anthropology*, v. 15, out. 1986.

STONE, Christopher. *Les Arbres doivent-ils pouvoir plaider?.* Paris: Le Passager Clandestin, 2017.

UNIÃO INTERNACIONAL para a Conservação da Natureza (UICN). "Raising the Profile of Primary Forests Including Intact Forest Landscapes". Disponível em: <www.iucn.org/theme/our-work/primary-and-intact-forest-landscape/raising-profile-primary-forests-including-intact-forest-landscapes>. Acesso em: 1 out. 2022.

VERA, Carolina et al. "The South-American Low-Level Jet Experiment". *Bulletin of the American Meteorological Society*, v. 87, n. 1, 2006.

VIENNE, Emmanuel de. "A Shamanic Bible and its Enunciation". *Hau: Journal of Ethnographic Theory*, v. 4, n. 2, pp. 311-7, 2014.

VILLANI, Cédric. "L'Écriture des Mathématiciens". Disponível em: <http://barthes.enssib.fr/articles/Villani-ecriture-mathematiciens.pdf>. Acesso em: 22 set. 2022.

WAGNER, Roy. *Lethal Speech: Daribi Myth as Symbolic Obviation.* Ithaca: Cornell University Press, 1978.

_____. "The Rising Ground". *Hau: Journal of Ethnographic Theory*, v. 4, n. 2, pp. 297-300, 2014.

WILBERT, Johannes; SIMONEAU, Karin (Orgs.). *Folk Literature of the Yanomami Indians.* Los Angeles, 1990. (UCLA, Latin American Studies).

WRIGHT, Jonathon S. et al. "Rainforest-Initiated Wet Season Onset Over the Southern Amazon". *Proceedings of the National Academy of Sciences*, v. 114, n. 32, 8 ago. 2017.

YANOMAMI, Morzaniel Ɨramari et al. (Org.). *Hwërɨmamotima thë pë ã: Manual dos remédios tradicionais yanomami.* Boa Vista: Hutukara Associação Yanomami; São Paulo: Instituto Socioambiental, 2015.

ZEMSZ, Abraham. "Dessins des Indiens Tchikao, Yanomami et Piaroa". *Documenti di lavoro e pre-pubblicazioni.* Urbino: Centro Internazionale di Semiotica e di Linguistica di Università de Urbino, n. 35, 1974.

Créditos das fotografias

pp. 24-5, 67: © Valdir Cruz

p. 27: © Pascal Orcier, 2021

pp. 31, 117: Coleção Bruce Albert, © Davi Kopenawa

pp. 36-7, 62, 79, 85, 118, 138-9, 171: © Claudia Andujar

pp. 43, 58: © Raymond Depardon/ Magnum Photos

p. 51: Coleção Fundação Cartier para a Arte Contemporânea, © Lothar Baumgarten/ ADAGP, Paris, 2022

p. 64: Coleção Fundação Cartier para a Arte Contemporânea, © Raymond Depardon/ Magnum Photos

p. 69: © Hervé Chandès

pp. 74, 93: © Bruce Albert

pp. 82, 111, 155: Coleção Claudia Andujar, © Davi Kopenawa

pp. 87, 91: Coleção Fundação Cartier para a Arte Contemporânea, © Taniki

p. 89: Coleção Claudia Andujar, © Taniki

pp. 96-7, 99, 126, 131, 145, 151: Coleção Fundação Cartier para a Arte Contemporânea, © Joseca

p. 103: Coleção Fundação Cartier para a Arte Contemporânea, © Claudia Andujar pp. 148-9: © Vincent Rosenblatt

p. 160: © National Museums of World Culture, Göteborg

p. 162: © Milton Guran

p. 167: Coleção Claudia Andujar, © Morzaniel Ɨramari

p. 173: © István van Deursen Varga

ESTA OBRA FOI COMPOSTA POR OSMANE GARCIA FILHO EM MINION
E IMPRESSA PELA LIS GRÁFICA EM OFSETE SOBRE PAPEL PÓLEN SOFT
DA SUZANO S.A. PARA A EDITORA SCHWARCZ EM FEVEREIRO DE 2023

A marca FSC® é a garantia de que a madeira utilizada na fabricação do papel deste livro provém de florestas que foram gerenciadas de maneira ambientalmente correta, socialmente justa e economicamente viável, além de outras fontes de origem controlada.